私域流量池运营

运营

高转化、高复购的
深度粉销

谭 贤／著

中国铁道出版社有限公司
CHINA RAILWAY PUBLISHING HOUSE CO., LTD.

内 容 简 介

随着公域流量不断被分摊，获客成本增加，私域流量越来越受到欢迎，因为私域流量只需要一次获取，却可以反复利用，特别是能够进行高频次、高转化、高复购率的互动和转化。

本书的核心便是分享如何建立私域流量池，然后进行高转化、高复购的深度粉销，具体内容包括私域流量的基础理论、搭建方法、运营技巧，热门平台的引流技巧以及个人微信、公众号、微信社群、微信小程序的私域流量打造技巧，还有私域电商以及其他私域流量的玩法等，帮助读者掌握私域流量池运营的技巧和方法，持续地获得私域流量转化的收益，最终实现自己的财富梦想。

本书适合想学习如何做私域流量池运营的小微企业老板、创业者、自媒体人、电商卖家、新媒体运营人员。希望读者能好生研读，领悟其中的思维和奥妙，通过不断实践来证明本书的价值。

图书在版编目（CIP）数据

私域流量池运营:高转化、高复购的深度粉销/谭贤著. —北京：中国铁道出版社有限公司，2021.3（2022.6 重印）
ISBN 978-7-113-27315-6

Ⅰ.①私… Ⅱ.①谭… Ⅲ.①网络营销-研究 Ⅳ.①F713.365.2

中国版本图书馆CIP数据核字（2020）第194314号

书　　名：**私域流量池运营：高转化、高复购的深度粉销**
　　　　　SIYU LIULIANGCHI YUNYING：GAO ZHUANHUA、GAO FUGOU DE SHENDU FENXIAO
作　　者：谭 贤

责任编辑：张亚慧　　　编辑部电话：(010)51873035　　　邮箱：lampard@vip.163.com
编辑助理：张秀文
封面设计：宿 萌
责任校对：孙 玫
责任印制：赵星辰

出版发行：中国铁道出版社有限公司（100054，北京市西城区右安门西街8号）
印　　刷：三河市宏盛印务有限公司
版　　次：2021年3月第1版　　2022年6月第3次印刷
开　　本：700 mm×1 000 mm 1/16 印张：18 字数：293千
书　　号：ISBN 978-7-113-27315-6
定　　价：59.00元

推荐序

电商最终的竞争是客户时间的竞争。

电商竞争越来越激烈，推广费用越来越高，流量越来越碎片化。这几年短视频发展很迅速，抖音也迅速崛起。

抖音这款流量质量高、转化能力强的短视频 App，深受大家喜欢，更带火了一大批短视频制作者和直播主播。

短视频和直播刚兴起的这几年，因为是新事物，导致大家有些不知所措，还会对商业底层失去判断。其实不管任何行业，最后还是会回归到流量转化，产品至上的时代，最终还是会走回商业化。

商业化的本质是优胜劣汰，在商业的潮流中不断地优化、前进，从而达到最优的形态。本书很好地解释了抖音的商业本质，我们应该怎样把握住电商的黄金十年。

截至 2020 年，根据相关数据，抖音 DAU（日活跃用户数量）超 4 亿，较上年同期的 2.5 亿增长了 60%。抖音与头条重合度为 32.1%，重合用户占抖音的 42.2%。抖音与西瓜视频的重合度为 24.6%，重合用户占抖音的 29.5%。抖音 10~19 次占比领先，30 分钟以上时长占比达到 38%。在这种趋势下，抖音可以很快完成完整的商业化模式转变，快速地从娱乐化转变为商业化。

这些数字对于创业者和企业意味着什么呢？意味着私域流量有大量的赚钱机会，因为用户就是金钱，用户在哪里，哪里的机会就会更多。现在，不管你愿不愿意接受，抖音的火爆已经成为事实，成为大众生活中离不开的娱乐消遣方式之

私域流量池运营：高转化、高复购的深度粉销

一，抖音中的达人也成为大众聚合的焦点，"俘获"了大批忠实的粉丝，这些粉丝会成为抖音达人的私域流量。

如果说淘宝是"电商 1.0 时代"的代表，微信是"电商 2.0 时代"的代表，那么以抖音为代表的短视频应用必将引领"电商 3.0 时代"。目前来看，短视频带来的商机已经锋芒初现，在"抖商"这个大的风口面前，不进则退。

刘朝林

2020 年 12 月

前　言

　　私域流量是相对于公域流量来讲的，是指不用支付流量成本就可以在任何时候，无数次地直接触达用户的场所，比如 QQ、微信、社群等。

　　私域流量区别于传统的营销流量，是从销售产品到经营用户的思维理念的转变。在私域流量池的运营过程中，运营者所经营的粉丝或用户不再是单一产品的受众，它能够实现一次获客而产生多次交易的效果。

　　随着私域流量的兴起，无论是个人、商家还是企业都纷纷准备搭建自己的私域流量池，抢占更多的流量资源。出现这种现象的原因是流量获取成本日益增加，利润空间进一步缩小，大家都在存量市场中"拼命厮杀"。

　　私域流量运营不仅能够解决流量成本的问题，还能够将流量的价值发挥到最大，为运营者带来额外的收益，安全性也比较高。所以，基于这些优点，几乎所有人都意识到私域流量池运营将会是未来主流的营销策略和方法。

　　抖音、快手、B 站等平台的用户数量是非常巨大的，而且这些平台上的用户人群大多是年轻人，消费欲望和消费水平都比较高，流量比较优质。能将这些平台的公域流量转变为自己的私域流量，再加以妥善的运营，提高用户的留存率和转化率，那么所能获得的经济收入将是非常可观的。

　　微信平台是进行私域流量运营的主要"阵地"。其中，微信个人号、微信公众号、微信社群、微信小程序是微信私域流量运营的 4 大区域。本书的私域流量池运营也主要围绕这 4 大板块进行介绍和讲解。

　　本书从私域流量池的搭建、运营、引流等方面给读者提供实用的方法技巧。

私域流量池运营：高转化、高复购的深度粉销

内容全面、结构清晰、语言简洁，知识点框架如下。

在做私域流量池运营的准备工作之前，需要先了解和熟悉私域流量的发展状况和基本情况，然后才能着手搭建自己的私域流量池。把池子建好之后，就要往池子里面"养鱼"，也就是需要利用各种推广引流的方法将公域流量引流到私域流量池里面去。在积累用户的过程中，运营者要想办法留住用户，经营和服务好用户，只有这样，才能比较顺利地进行用户转化和达成交易，实现流量转化获利的目的。

私域流量的崛起带动了私域电商的发展，私域电商是私域流量运营的重要组成部分。所以，笔者专门用了一个章节来介绍有关私域电商的内容。除了主流的私域流量运营方法之外，还在最后一章介绍了私域流量运营的一些其他的方法，以便对私域流量池运营的知识体系进行完善和补充。

通过对本书的学习，你可以掌握私域流量运营的知识和技能，你可以做好私域流量池的运营，实现流量转化获利和收益增长。如果这本书能为大家提供一些帮助，那将是我们十分乐见的。最后，希望大家不断学习各种技能和知识，不断充实和提升自己，在未来遇见更好的自己！

本书由谭贤著，参与编写的人员还有李想、胡杨等，在此一并表示感谢。由于知识水平有限，书中难免有错误和疏漏之处，恳请广大读者批评、指正，沟通和交流请联系微信：2633228153。

编　者

2020 年 9 月

| 目 录 |

第 5 章 抖音快手，流量巨大 / 101

第 6 章 私域流量，运营技巧 / 119

第 9 章　社群运营，流量裂变　/　213

第 1 章
初步认识，私域流量

对于任何生意来说，用户都是最重要的因素，如果你拥有成千上万的专属用户，那么，不管做什么事情你都会更容易取得成功。因此，无论是企业还是个人创业者，还是传统行业，抑或是新媒体行业，我们每个人都需要打造自己的专属私域流量池。

1.1 公域流量，私域流量

私域流量是相对于公域流量的一种说法，其中"私"是指个人的、私人的、自己的意思，与公域流量的公开相反；"域"是指范围，这个区域到底有多大；"流量"则是指具体的数量，如人流数、车流量或者用户访问人数等。后面这两点，私域流量和公域流量都是相同的。

1.1.1 公域流量，基本概念

公域流量的渠道非常多，包括各种门户网站、超级 App 和新媒体平台，图 1-1 所示为一些公域流量的具体代表平台。

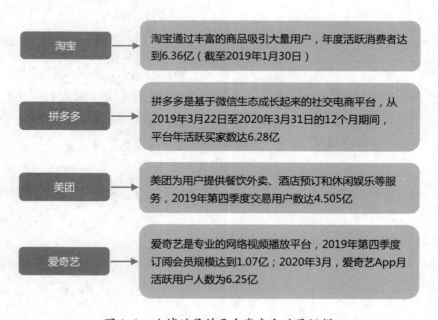

淘宝 → 淘宝通过丰富的商品吸引大量用户，年度活跃消费者达到6.36亿（截至2019年1月30日）

拼多多 → 拼多多是基于微信生态成长起来的社交电商平台，从2019年3月22日至2020年3月31日的12个月期间，平台年活跃买家数达6.28亿

美团 → 美团为用户提供餐饮外卖、酒店预订和休闲娱乐等服务，2019年第四季度交易用户数达4.505亿

爱奇艺 → 爱奇艺是专业的网络视频播放平台，2019年第四季度订阅会员规模达到1.07亿；2020年3月，爱奇艺App月活跃用户人数为6.25亿

图 1-1 公域流量的平台代表和流量规模

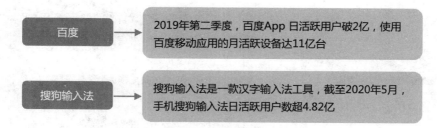

图 1-1　公域流量的平台代表和流量规模（续）

从图 1-1 这些平台的数据可以看到，这些平台都拥有亿级的流量，并且通过流量来进行产品销售。这些流量有一个共同特点，那就是都属于平台，都是公域流量。商家或个人在入驻平台后，可以通过各种免费或者付费的方式来提升自己的排名，推广自己的产品，从而在平台上获得用户。

例如，歌手可以在酷狗音乐上发布自己的歌曲，吸引用户收听，然后用户需要通过付费充值会员来下载歌曲，歌手则可以获得盈利，如图 1-2 所示。

图 1-2　酷狗音乐 App 的付费充值页面

我们要在公域流量平台上获得流量，就必须熟悉这些平台的运营规则、具体特点，如图 1-3 所示。

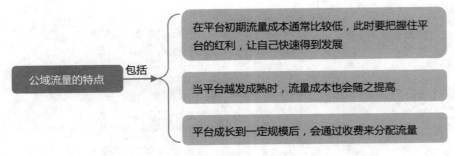

图 1-3　公域流量的特点

因此，不管你是做什么生意，都需要多关注这些公域流量平台的动态，对于那些有潜力的新平台，一定要及时入驻，并采取合适的运营方法来收获平台红利。而一旦你在平台的成熟期再进入，那么就需要付出更多努力和更高的成本。

对企业来说，这些公域流量最终都是需要付费的，赚到的钱也都需要给平台分一笔。当然，平台对于用户数据保护得非常好，因为这是它们的核心资产，企业要想直接获得这些流量资源非常困难。这也是为什么大家都在积极地将公域流量转化为私域流量的原因。

1.1.2　私域流量，具体特点

对于私域流量，目前还没有统一的具体定义，但是私域流量的确有一些优势和特点，如图 1-4 所示。

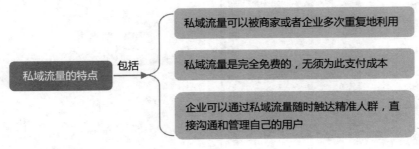

图 1-4　私域流量的特点

例如，对于微博来说，上了热门头条后几乎会被所有的微博用户看到，这些是公域流量；而通过自己的动态页面，让自己的粉丝看到微博内容，这些粉丝就是私域流量，如图 1-5 所示。

图 1-5　个人微博的粉丝是私域流量

微博 2020 年 3 月的月活跃用户数达到 5.5 亿，平均日活跃用户数达到 2.03 亿。企业和自媒体人可以通过微博来积累和经营自己的粉丝流量，摆脱平台的推荐和流量分配机制，从而更好地经营自己的资产，实现流量转化和商业价值。

对于公域流量来说，私域流量是一种弥补其缺陷的重要方式，而且很多平台还处于红利期，可以帮助企业和自媒体人补足短板。

1.2　红利殆尽，流量瓶颈

如今，无论是做淘宝电商，还是自媒体网红，或是大量的传统企业，大家都越来越感觉到流量红利殆尽，面对用户增长疲软的困境，大部分人面临以下 4 大难题，如图 1-6 所示。

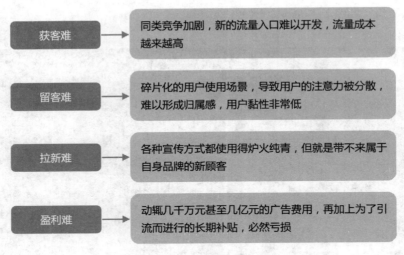

图1-6　流量瓶颈下的难题

很多用户对于各种营销方法已经产生了"免疫力"，甚至对于这些营销行为觉得厌恶而直接屏蔽你。在这种情况下，我们的流量成本可想而知是相当高的，因此很多自媒体创业者和企业都会遭遇到流量瓶颈。

那么，我们该如何突破这些流量瓶颈带来的难题呢？答案就是做私域流量，通过微信公众号、朋友圈、小程序、微博以及抖音等渠道来打造自己的专属私域流量池，把自己的核心用户圈起来，让彼此的关系更加持久。

1.2.1　公域衰退，私域崛起

现如今，国内的互联网用户数量已经超过10亿人，这与总人口数量已经非常接近，可以这样说，几乎每个人都已经身处于网络之中了，公域流量已经趋于饱和状态。根据移动互联网商业智能服务商QuestMobile发布的数据，我国移动互联网月活跃用户规模已经达到11.6亿（截至2020年4月），如图1-7所示。

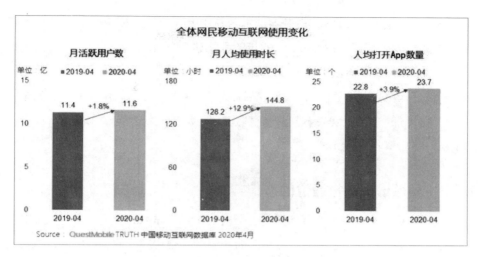

图 1-7   全体网民移动互联网使用变化

然而，各行业的竞争却在不断加剧，流量获取成本不断上涨，获得客户越来越难。正所谓穷极思变，大家都要努力改变思路，挖掘更多的新流量，想方设法提升已有流量的价值。于是，私域流量开始流行，成为众人追捧的对象。

私域流量之所以能够火爆，其实是因为公域流量开始衰退。例如，某个餐厅开在一条人流量非常大的商业街上，这条商业街每天的人流量可以达到 2 万，每天有 5% 的人会看到这个餐厅，也就是 1 000 人。其中，又有 20% 的人会停下来看一看门口的菜单和价格表，也就是 200 人。最后真正进店吃饭的人，可能只有 50%，也就是 100 人。因此，即使这条商业街的流量非常大，但餐厅最终得到的顾客却只有 100 人，仅占到总流量的 0.5%。

同时，从这个案例中我们可以看到，公域流量的一些操作特点和问题，具体内容如图 1-8 所示。

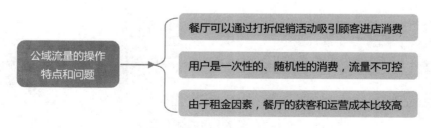

图 1-8   公域流量的操作特点和问题

例如，阿里巴巴 2013 年的获客成本为 50.89 元，到了 2017 年，获取一名新用户的成本已经涨到了 226.58 元，4 年的涨幅达到近 3.5 倍。因此，从电商平台到新媒体平台，私域流量模式逐步开始爆发。

所以，大家一定要善于打造个人品牌或 IP，将各种公域流量导入自己的个人微信号中，同时通过社群来运营这些私域流量，培养与粉丝的长久关系，让自己的生意兴隆和事业长青。

1.2.2 私域模式，打造价值

打造私域流量池就等于有了自己的个人财产，这样你的流量会具有更强的转化优势，同时也有更多盈利的可能。下面介绍私域流量模式的商业价值，探讨这种流量模式对于大家究竟有哪些好处。

1. 降低营销成本

以往我们在公域流量平台上做了很多付费推广，但是却并没有与这些用户产生实际关系。例如，拼多多商家想要参与各种营销活动来获取流量，就需要缴纳各种保证金，如图 1-9 所示。但是，即使商家通过付费推广来获取流量，也不能直接和用户形成紧密联系，用户在各种平台推广场景下购买完商家的产品后，又会再次回归平台。所以，这些流量始终被平台掌握在手中。

图 1-9 拼多多的保证金系统

其实，这些付费推广获得的用户都是非常精准的流量。商家可以通过用户购买后留下的个人信息，如地址和电话号码等，再次与用户联系，甚至可以通过微信来主动添加他们，或者将他们引入自己的社群中，然后再通过一些老客户维护活动来增加他们的复购率。

同时，这些老客户的社群也就成为商家自己的私域流量池，而且商家可以通过朋友圈的渠道来增加彼此的信任感，有了信任就会有更多的成交。这样，以后不管是推广新品，还是做清仓活动，这些社群就成为一个免费的流量渠道，这样就不必再花钱做付费推广了。因此，只要我们的私域流量池足够大，完全可以摆脱对平台公域流量的依赖，这也会让我们的营销推广成本大幅降低。

除了电商行业之外，对于实体店来说道理也是相通的，商家可以通过微信扫码领优惠券等方式来添加顾客的微信。这样，商家可以在以后做活动或者上新产品时，通过微信或者社群来主动联系顾客，或者发朋友圈来被动地展示产品，增加产品的曝光量，获得更多的免费流量。

例如，海尔作为传统企业，在交互性强、互联网大爆炸的时代，进行了一次史无前例的组织变革，目标是将僵硬化的组织转为社交性强的网络化组织。海尔在组织进行网络化的同时，建立起一个社群型组织。

海尔的社群运营核心是情感，但是对于企业来说，情感是一个与用户进行价值对接的介质，并不能与社群用户产生非常高黏度的衔接，毕竟情感往往是脆弱的，容易被击破。

海尔正是看清了这一点，开始与粉丝互动，让粉丝不再只是粉丝，而是参与者、生产者，真正与品牌有连接的、与品牌融合的一部分。其中，"柚萌"就是由海尔 U+ 发起，以实现更美好的智慧家居生活体验为宗旨的社群，如图 1-10 所示。

图 1-10　海尔 U+"柚萌"社群

专家提醒：对个人而言，可以通过社群轻松与企业交流，通过有效的推荐机制，能迅速找到好的产品及众多实用资讯。

对企业而言，私域流量下的社群可以节省大量的推广费用，好的产品会引发社群用户的自动分享行为，形成裂变传播效应。同时，企业可以通过运营私域流量，与用户深入接触，更加了解用户的需求，进而打造出更符合用户的产品。

2. 提升投资回报率

公域流量有点儿像大海捞针，大部分流量其实是非常不精准的，会被白白浪费掉，因此整体的转化率非常低。而这种情况在私域流量平台可以很好地规避掉，私域流量通常都是关注你的潜在用户，不仅获客成本非常低，平台的转化率也极高。下面是笔者做的一个对比，让大家对于公域流量和私域流量的范围和精准性有更好的了解，如图 1-11 所示。

私域流量　　　　　　　　　　　　　　　　公域流量

图 1-11　私域流量和公域流量的举例说明

　　私域流量就好比在自己的店铺中寻找目标用户，公域流量就好比在一条繁华的商业街上寻找目标用户。结果显而易见，既然用户都走到自己的店铺中，那么他必然是比大街上的人有更大的消费意愿的，因此商家更容易与他们达成交易，所以私域流量的投资回报率自然也会更高。

　　同时，只要你的产品足够优质，服务足够到位，这些老客户还会无偿成为你的推销员，他们也会乐于去分享好的东西，以证明自己独到的眼光。这样，商家就可以通过私域流量来扩大用户规模，提升价值空间。

3. 避免老客户流失

　　除了拉新客户外，私域流量还能够有效避免老客户的流失，让老客户的黏性翻倍，快速提升老客复购率。在私域流量时代，我们不能仅仅依靠产品买卖来与用户产生交集，如果你只做到了这一步，用户一旦发现品质更好、价格更低的产品，他会毫不留情地抛弃你的产品。

　　因此，在产品之外，我们要与用户产生情感的"羁绊"，打造出强信任关系。要知道人都是感性的，光有硬件的支持是难以打动用户的；再者，用户更加注重的是精神层面的体验。

　　因此，我们要想打造、打响自身品牌，推销产品，就应该在运营私域流量时融入真情实感，用情感来感化用户，重视情感因素在营销中的作用。最重要的是了解用户的情感需求，引起情感共鸣，使得用户不断加深对企业和产品的喜爱。

　　例如，杨大爷美食就经常会在微信公众号中举办一些活动来唤起新老用户的情感认同，以实实在在的行动为广大用户带来实际的利益。图 1-12 所示为杨大爷美食推出的端午节新品和 618 优惠活动。

图 1-12　杨大爷美食用系列活动赢得新老用户的情感认同

　　杨大爷美食这一行为既充满了智慧，又十分有效，它抓住了广大消费者对产品和品牌的情感需求，既赢得了消费者的关注，同时也击中了一些老顾客的情感痛点。如此一来，杨大爷美食就顺利地得到了用户的情感肯定，从而为打造品牌口碑埋下伏笔。

> **专家提醒**：在体验中融入真实情感是企业打造完美消费体验的不二之选，无论是从消费者的角度，还是从企业的角度，都应该认识到情感对产品的重要性。为产品树立口碑，向更多老客户推销新产品。虽然用情感打动人心不易，但只要用心去经营，得到的效果也会是深远而长久的。

　　也就是说，私域流量绝不是一次性的成交行为，用户在买完产品后，还会给我们的产品点赞，也可以参加一些后期的活动来加深彼此之间的关系。这种情况下，即使对手有更好的价格，用户也不会轻易抛弃你。因为你们之间是有感情关系的，甚至用户还会主动给你一些建议来击败竞争对手。

因此，我们一定要通过私域流量平台的互动，积极与用户沟通。例如，淘宝的微淘动态，就是一个不错的互动方式，如图 1-13 所示。商家可以通过直播、短视频和图文等内容形式，增强老客户的稳定性，避免老客户的流失。

图 1-13　淘宝商家通过微淘与粉丝互动

4. 塑造品牌价值

塑造品牌是指企业通过向用户传递品牌价值来得到用户的认可和肯定，以达到维持稳定销量、获得良好口碑的目的。通常来说，塑造品牌价值需要企业倾注很大的心血，因为打响品牌不是一件容易的事情，市场上生产产品的企业和商家多到不可胜数，能被用户记住和青睐的却屈指可数。

品牌具有忠诚度的属性，可以让用户产生更多的信任感。通过打造私域流量池，可以让品牌与用户获得更多接触和交流机会，同时为品牌旗下的各种产品打造一个深入人心的形象，然后获得源源不断的用户，成功打造爆款。

以服装品牌 ONLY 为例，其品牌精神为前卫、个性十足、真实、自信等，很好地诠释了自身产品的风格所在。同时，ONLY 利用其品牌优势在全球开设了很多店铺，获得了丰厚的利润，赢得了众多消费者的喜爱。

5. 激励客户重复购买

私域流量是属于我们自己个人的，和平台的关系不大。这就是为什么很多直播平台要花大价钱来签网红主播，因为这些网红主播自带流量，直播平台可以通过与他们签约来吸收他们自身的私域流量。

例如，知名电竞选手、游戏解说、主持人韩懿莹（游戏 ID：Miss），被称为"电竞女王"，微博粉丝突破 1 400 万，在微博上的互动率非常惊人，如图 1-14 所示。

图 1-14　韩懿莹的微博

同时，韩懿莹还是虎牙直播的签约主播（Miss 大小姐），在该平台上的订阅用户数也达到了 926 万多，如图 1-15 所示。这其中的流量具有高度的重叠性。据悉，虎牙直播平台当年签约韩懿莹 3 年花了 1 亿元的成本。

图 1-15　韩懿莹的虎牙直播间

对于这些"网红"来说，她们的私域流量是可以跨平台和不断重复利用的，这个好处自然也会延伸到其他领域，这些粉丝的忠诚度非常高，可以形成顾客终身价值（Customer Lifetime Value）。

1.2.3　转变思维，强调关系

私域流量绝不是简单的通信录好友名单，而是具有人格化特征的流量池，每个私域流量池都具有自己的标签，这个标签也是由流量主赋予的，而流量主则可以反复地利用这些私域流量。

当然，要做到这一点，我们需要改变以往的流量思维方式。互联网时代奉行的是流量为王，而私域时代的主要核心是强调用户关系。因此，我们要学会利用用户思维来运营私域平台的流量，如图 1-16 所示。

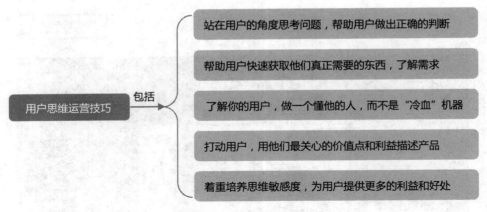

图1-16 用户思维的运营技巧

用户思维的关键在于获得用户信任，让你的私域流量池能够具有人格化特征。因此，私域流量池的打造也要学会掌握用户思维，切实从用户角度出发，把握自身用户群体的心理和需求。

> **专家提醒：** 我们要运用用户思维，就要注意分析用户群体喜欢什么、需要什么，因为他们的喜好代表着大部分人的喜好。只有深入广大普通用户中去，才能打造出大多数人喜欢的产品和内容，才能赢得粉丝的青睐。

例如，"手机摄影构图大全"公众号创始人构图君是一位构图分享者，为大家原创了300多篇构图文章，提炼了500多种构图技法，不仅数量较多，而且非常有深度，通过摄影构图这个细分场景来打造私域流量池，聚集爱好手机摄影的用户，如图1-17所示。为了让大家省心省时，利用碎片化时间系统学习构图，构图君不仅每天在公众号上分享文字，而且还从各个角度，为大家策划主持编写了多本摄影图书，如《手机摄影大咖炼成术》《手机旅行摄影》以及《手机摄影：不修片你也敢晒朋友圈》等，解决不同场景下社群用户的摄影难点和痛点。

另外，对于没有时间看书的用户，构图君还通过手机微课直播来传递摄影知识、筛选干货，分享精华内容以及和粉丝进行交流沟通，如图1-18所示。不管是公众号还是微课，构图君都聚集了一大批忠实粉丝。

图 1-17　"手机摄影构图大全"公众号　　　图 1-18　构图君的微课直播

"贴着标签的人"是用户思维的基础。所谓"贴着标签的人"是指忠实粉丝和有共同兴趣爱好的一群人。在构图君的私域流量池中，内容传播就是图片、文章以及直播等摄影知识的传递，用户运营就是公众号、微信群以及朋友圈等媒介的引流，而商业场景则是图书、电子书以及直播等转化获利渠道。

当私域流量池与用户思维相融时，已经没有了广告，社群成员觉得，产品的存在是为了解决自己的需求，社群里推送的消息是为了解决自己的问题，是便利生活的需要。所以，在私域流量池 + 用户思维的融合下，一定是精选的产品、有创意的产品、能触发消费者情感的产品，为解决以后场景需求而生，触发社群成员的情感，回归到商业的本质。

私域流量是个人、企业、品牌、产品或者 IP 所拥有的免费流量，同时流量主拥有这些流量的自主控制权，而且能够反复利用。但是，私域流量的基础在于用户思维，基本要求是满足用户的体验需求，终极要求是让用户惊喜。因此，我们也需要及时纠正思维，将流量获取升级到用户留存，只有做到这些，你的私域流量池才能越来越大，越来越稳定。

1.2.4 私域变迁，精细移动

随着移动互联网的发展，人们的时间越来越碎片化，这样也导致了私域流量呈现出精细化和移动化的发展趋势。图 1-19 所示为私域流量的变迁过程。

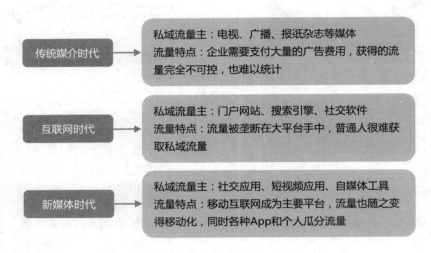

传统媒介时代　→　私域流量主：电视、广播、报纸杂志等媒体
流量特点：企业需要支付大量的广告费用，获得的流量完全不可控，也难以统计

互联网时代　→　私域流量主：门户网站、搜索引擎、社交软件
流量特点：流量被垄断在大平台手中，普通人很难获取私域流量

新媒体时代　→　私域流量主：社交应用、短视频应用、自媒体工具
流量特点：移动互联网成为主要平台，流量也随之变得移动化，同时各种App和个人瓜分流量

图 1-19　私域流量的变迁过程

在新媒体时代，每个人都可以拥有自己的私域流量，获得流量的方式也从过去的传统广告变成内容营销。对于打造私域流量池来说，其中很重要的一个方向就是从内容的生产上下功夫。

随着各种内容的出现，在不同领域诞生了各种网红，他们不断分裂和细化私域流量，让私域流量朝着更加垂直细分的领域发展。

1.3　微信生态，流量矩阵

根据腾讯公布的 2019 年第四季度及全年业绩报告，微信及 WeChat 的合并月活跃账户数达 11.6 亿，QQ 的智能终端月活跃账户数超过 7 亿。毫无疑问，微信已经成为国内最大的社交媒体，也是运营私域流量的最佳平台。其中，我们在微信上添加的好友都可以称为微信私域流量。

同时，微信的商业体系被用户不断挖掘，这也为私域流量的价值带来了更大的想象空间。通过微信这个社交媒体的"微信号 + 公众号 + 微信群 + 小程序"等渠道，我们可以打造私域流量矩阵，将自己的产品、服务或者品牌理念非常快捷地触达用户，实现引流和转化获利。

1.3.1　用公众号，沉淀粉丝

微信公众号是一种应用账号，是广大商家、企业、开发者或者个人通过在微信公众平台上注册的一个用于跟自己特定的客户群体沟通交流的账号。

微信公众号账户拥有者在跟自己特定客户群体交流时可以采用多种方式沟通，如文字、图片、音频、视频等，这种交流方式更加生动、全面，极大地增加了商家、企业、个人群体与客户对象之间的互动，从而得到更好的交流效果。因此，微信公众号成为各商家、个人打造私域流量的一个重要平台。

公众号非常适合沉淀各个公域流量平台上获得的粉丝，给商家、企业的营销提供了一个全新的销售渠道，扩大了销售范围。同时，微信公众号为广大商家用户提供信息管理、客户管理等功能，使得商家与客户之间的交流以及客户管理变得更加简单，交流性、互动性也变得更强，在很大程度上增加了客户的黏性。

例如，人们在一家服装店中购物，通常是买完衣服就直接付款走人，这些人对于服装店老板来说就是公域流量。此时，服装店老板可以在店内张贴一些海报，如关注公众号领优惠券福利等，将公域流量转化为私域流量，然后通过公众号的运作来获得更多的盈利机会，如图 1-20 所示。

商家可以通过在微信公众号上发布文章、图片等方式吸引关注者的点击与阅读，从而获得流量，然后再将这些流量引到微信或者产品店铺内，进而促成商品的交易。同时，在微信公众号的后台还有一个推广功能，商家还可以通过这个推广功能来获取更多的流量。

图 1-20　服装店的公众号运营示例

1.3.2　微信个人，注重营销

微信个人号在打造私域流量池方面有着独特的优势，具体如图 1-21 所示。

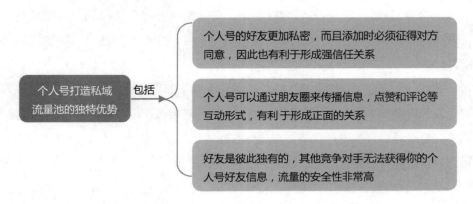

图 1-21　个人号打造私域流量池的独特优势

我们可以通过个人号将信息强行发送给好友，只要好友没有将你拉黑或删除，都会接收到信息，如图 1-22 所示。因此，只要你的私域流量池足够大，就不需要再花钱去打广告了。

图 1-22　通过个人号发布信息

除了直接聊天方式之外，个人号还有一个非常重要的宣传渠道，那就是朋友圈。发朋友圈有 3 种方式：第一种是发纯文字；第二种是发送图文结合的内容；第三种是发送视频内容。建议大家平时发布朋友圈内容时，最好采用图文结合的方式，图文结合的内容会比单纯的文字更加醒目、吸引人，蕴含的信息量也更大。

图 1-23 所示为采用图文结合的方式发布的产品营销信息，发图的数量都是比较讲究的，如 4 张、6 张、9 张等都是标准的发图数量。

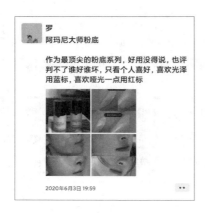
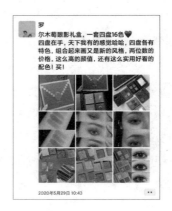

图 1-23　图文结合式的产品营销信息

> **专家提醒**：一般来说，微信朋友圈只有 6 行能直接展示文字，我们最好利用前 3 行来吸引好友的目光，将重点提炼出来，让大家一眼就能扫到重点，这样才能使他们有继续看下去的意愿。若发布的内容太长，就会发生折叠的情况，只显示前几行文字，而好友必须点击全文才能查看剩下的内容。
>
> 微信作为一个社交平台，人们更愿意接受碎片式阅读，不喜欢那种长篇累牍式的文字。因此，通过朋友圈运营私域流量时，不要让自己的朋友圈内容太过冗长，建议提炼其中的重点，可以让人一目了然。

1.3.3　微信社群，保持活跃

　　要保持社群的活跃度，就需要多与群内的用户互动交流。因此，学会与用户进行交流是运营社群私域流量的首要步骤，继而打造信息体系、进行社交营销和客户服务，实现个体的信息交互。

　　用户的信息交互过程是根据目标用户群体和行业业务特征来制定的，一般而言可以分为 3 个阶段，如图 1-24 所示。

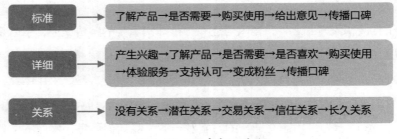

图 1-24　用户交互流程

　　对于线下实体商家来说，可以通过门店二维码引流的方式，让上门消费的顾客添加商家微信号，然后商家将这些顾客都拉到微信群中。商家在社群的日常运营中，可以发布一些促销活动信息以及新品信息等，以此来吸引顾客再次下单。

　　当然，社群管理者还需要加强用户体验，对企业或商家来说，微信群的主要功能在于发布产品或服务的优惠信息，刺激社群中的用户消费，最终下单还是需要通过小程序、微店或者其他电商渠道来完成，如图 1-25 所示。

图 1-25　社群最终要通过电商渠道来实现成交

1.4　产品服务，运营特点

私域流量要想实现转化获利，最终还是需要产品来进行承接，因此这种流量模式非常适合品牌商家，如在线课程、食品水果、日用百货、数码家电、母婴玩具、服装鞋包、餐饮外卖、生活服务以及文化旅游等。那么，适合做私域流量模式的产品或服务有哪些具体的特点呢？

1.4.1　频次很高，复购率高

前面介绍过，私域流量有一个显著特点，那就是"一次获取，反复利用"。因此，商家可以选择一些消费频次和复购率都比较高的产品，吸引用户长期购买，提升老客户黏性，具体的产品类型如图 1-26 所示。

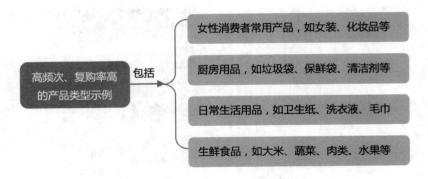

图 1-26　高频次、复购率高的产品类型示例

在私域流量模式下，商家的大部分利润都是来自老客户，所以商家要不断提升产品竞争力、品牌竞争力、服务竞争力和营销竞争力，促进客户的二次购买，甚至实现长期合作。要做到这一点，关键就在于货源的选择。因此，要尽可能选择一些对用户来说是刚需的产品。

1.4.2　内容优质，知识付费

知识付费产品服务，其实质在于通过售卖相关的知识产品或知识服务，让知识产生商业价值，变成"真金白银"。在互联网时代，我们可以非常方便地将自己掌握的知识转化为图文、音频、视频等产品服务形式，通过互联网来传播并售卖给用户，从而实现盈利。随着移动互联网和移动支付技术的发展，知识转化获利这种商业模式变得越来越普及，帮助知识生产者获得不错的收益和知名度。

随着人们消费水平的提高，消费观念和消费方式发生了质的改变，尤其是随着各种新媒体渠道的出现和自媒体领域的兴起，人们产生了新的阅读习惯和消费习惯，并逐渐养成了付费阅读的习惯。

在私域流量浪潮下，很多有影响力的"大V"也通过公众号和社群等渠道，来售卖自己的知识付费产品，可以快速实现转化获利，从粉丝身上获取收入。例如，"蕊希"公众号创始人宋思迪，是中国青年女作家，中央人民广播电台早间节目的原主持人。2015年创办个人原创电台节目《一个人听》，因其独特的嗓音和别具风格的节目内容迅速获得大批听众的喜爱。

其代表作品有《愿你迷路，到我身旁》《总要习惯一个人》《只能陪你走一程》。2017 年，她将电台节目《一个人听》更名为《蕊希电台》；2018 年，荣登中国"90 后"作家排行榜第 4 名。

现如今，"蕊希"公众号已拥有千万粉丝，从公众号发布的内容可以看出她的账号定位是"情感生活"，如图 1-27 所示。

图 1-27　"蕊希"公众号和文章列表

其中，《愿你迷路，到我身旁》荣获 2017 当当年度好书榜第 3 名，销量非常不错。很多人都在抱怨公众号的红利期已过，自己没来得及抓住时，蕊希却通过公众号不断地提升品牌势能。同时，蕊希拥有多元化的转化获利方式和付费渠道，不仅利用线上课程实现内容付费，更善于通过线下出版的形式实现知识转化获利。

通过上面的案例能让人明白付费阅读的道理，对于粉丝来说，蕊希的书不仅仅是一本简单的书，而是极具个人色彩和品牌的书籍。他们的购买，本质上是对蕊希这个品牌的喜爱与认可，而这个品牌是建立在优质的知识产品基础之上的。

1.4.3　话题产品，火热度高

如果一个产品登上了头条，它的火热程度自然不言而喻。为了吸引众多的用户流量引爆产品，制造话题占据头条倒不失为一个绝佳的办法。因此，具备话题感的产品非常适合做私域流量。

话题感的产品本身就具备强大的社交属性，极容易在社群中引发强烈反响。其中，抖音的话题玩法就是目前非常流行的营销方式。大型的线下品牌企业可以结合抖音的POI（一种地址定位功能）与话题挑战赛来进行组合营销，通过提炼品牌特色，找到用户兴趣点来发布相关的话题，这样可以吸引大量用户的参与，同时让线下店铺得到大量曝光，而且精准流量的高转化也会为企业带来高收益。

例如，四川的"稻城亚丁"是一个非常美丽的景点，因其独特的地貌和原生态的自然风光，吸引大批游人前往观光。基于用户的这个兴趣点，有人在抖音上发起了"＃稻城亚丁"的话题挑战，如图1-28所示。此时，线下商家可以邀请一些网红参与话题，并发布一些带POI地址的景区短视频，如图1-29所示。

图1-28　"＃稻城亚丁"的话题挑战

图1-29　带POI地址的景区短视频

对景区感兴趣的用户在看到话题中的视频后，通常都会点击查看，此时进入 POI 详情页即可看到商家的详细信息。这种方法不仅能够吸引粉丝前来景区打卡，而且还能有效提升周边商家的线下转化率。

在抖音平台上，只要有人观看你的短视频，就能产生触达。POI 拉近了企业与用户的距离，在短时间内实现最大流量的品牌互动，方便了品牌进行营销推广和商业转化。而且 POI 搭配话题功能和抖音天生的引流带货基因，也让线下店铺的传播效率和用户到店率得到提升。

> **专家提醒**：POI 最大的作用在于可以叠加线上流量池和线下客流，也就是说，POI 不仅可以从线上向线下导流，而且可以让线下体验反哺线上内容，加速从曝光到转化的进程，把流量转化为店铺的销售业绩。

1.4.4　线下实体，流量转化

线下实体店可以推出一款不以营利为目的的引流产品，先把用户吸引过来，然后商家可以添加他们的微信来实现流量转化，或者引导他们消费其他产品，从而实现直接盈利。例如，在很多餐厅门口的海报上，经常可以看到有一款特价菜，就是采用的这种推广方式。

例如，随着社群时代的来临，海底捞看中了微信市场，于是通过微信社群来转化私域流量，吸引用户到店消费。在做微信社群营销之后，海底捞更是把极致服务从线下提升到了公众号线上平台，如图 1-30 所示。用户可以通过微信公众号实现预订座位、送餐上门，甚至可以去商城选购底料。如果用户想要点外卖，只需要输入送货信息，就可以坐等美食送货上门。

图1-30   "海底捞火锅"公众号

第 2 章
通过营销，搭建私域

前面介绍了有关公域流量和私域流量的区别和特点，让大家认识到如今私域流量运营已是大势所趋。公域流量效果的衰退和获取成本越来越高使得我们不得不考虑培养自己的私域流量。本章主要从内容营销以及企业和个人等方面来讲解如何搭建私域流量池。

2.1 内容营销，掌握方法

流量的关键在于用户，而要想吸引用户就必须从内容或产品上入手，学会内容营销，这样才能获得大量的流量，才能搭建私域流量池。本节就来讲述内容营销的方法和需要注意的点。

2.1.1 正确认识，内容营销

想要较为全面、完整地了解和认识内容营销，就得知道什么是内容营销，如何正确定义流量，如何对待精准流量和泛流量。接下来就为大家逐一对这几个问题进行讲解。

1. 内容营销的定义

所谓内容营销是通过图片、文字、视频等媒介传播相关内容信息给目标用户，以促进销售的进程，达到营销的目的。其所依附的载体各有不同，如Logo、画册、网站、广告等。虽然，不同载体的传播媒介不一样，但它们的内容核心是一致的。

内容营销不仅仅是发布广告文案那么简单，它需要我们高度重视，需要投入时间和精力去做好内容的创作，打好持久的舆论战。获得用户关注，赢得用户信任是内容营销的核心，内容是获取流量的关键，也是确定和连接目标用户的关键。

要做好内容营销，就得让用户知道你的身份和职业以及你能够为用户提供的利益和好处，然后坚持不懈地运营下去，久而久之就会积累一大批粉丝。

在内容营销中，交易、成交的频率次数是比较低的。所以，我们要靠内容输出的频次来弥补，通过高产的内容来赢得用户的好感与信任。在如今这个消费升级的时代，内容营销逐渐成为传播的一种方式，也是企业营销的战略。

企业或个人要想做好营销，必须利用各种社交媒体平台，在这些平台上输出优质的内容来连接用户。然后再通过内容来筛选用户群体，将筛选出来的精准用户引流到个人微信或微信社群，搭建私域流量池来经营用户。

例如，小米的营销模式就是基于这套方法论。现如今，小米 MIUI 的用户人数已经达到 3.1 亿，小米科技董事长兼 CEO 雷军的微博粉丝也达到了 2 000 多万，如图 2-1 所示。这些用户和粉丝都是小米的私域流量，小米以其独特的社区粉丝文化实现了高度的用户黏性，利用粉丝的力量去宣传公司的产品和品牌。塑造特有的粉丝文化是小米营销成功的重要原因，正如雷军讲的那句话："因为米粉，所以小米。"通过"米粉"这个巨大的私域流量池才能够持续地进行转化。

综上所述，搭建私域流量池的流程主要分为 3 个步骤，即连接用户、筛选用户到经营用户，而搭建私域流量池是内容营销的根本目的。

图 2-1　雷军的微博主页

2．流量的正确定义

在现在这个互联网的商业化时代，做生意的关键在于流量，特别是精准的流量。有流量，产品才会有销量，流量是产品销量的支撑和保证。当然，获取流量并不是最终的目的，最终的目的是转化和盈利。所以，我们要通过跟客户建立感情，使其转化为精准的流量。

我们在寻找流量的过程中，一定要注重流量的精准性。也就是说，要把目光锁定在那些高度精准的流量上，因为精准流量的转化率要比普通流量的转化率高得多，只有找到精准的目标客户人群，才能做好营销，才能实现流量转化。

3. 精准流量和泛流量

精准流量相对于泛流量来说，数量较少、转化率高、价格成本高，而泛流量的数量虽多，价格便宜，但转化率很低，对于产品营销的作用不是很大。举个例子，在路边开店营业的店铺，每天从店铺前路过的人流量就相当于泛流量，而那些走进店铺了解的人可以称为精准流量，因为他们是有意向才走进店里进行了解。

所以，我们要把重心和精力放在那些精准流量上面，可以这么说，所有的人都可以被称为流量，但是我们需要的只是对产品有需求、有意向的精准流量。

内容营销的过程就是获取精准流量，然后用内容去转化用户，将他们从公域流量平台引流到自己的私域流量池中。在内容营销的过程中，很多人喜欢追求阅读量、粉丝量、点赞量这种泛流量，实际上，这种流量的转化率很低，只有真正主动来找你、并能够建立深度联系的流量才具有价值，一个精准的流量能抵得上几十个泛流量，这一点笔者在做网络营销时深有体会。

在如今高速发展的网络营销时代，泛流量的价值和作用越来越小，只有搭建好自己的私域流量池，才能利用精准流量持续不断地转化。

2.1.2 内容来源，渠道拓展

在进行内容营销时，需要注意以下 3 个方面，如图 2-2 所示。

了解了内容营销需要注意的问题之后，想问大家一个问题：营销的内容从哪里来呢？对于这个问题，笔者根据自身的经验，总结了内容的来源渠道主要有以下 4 个方面，如图 2-3 所示。

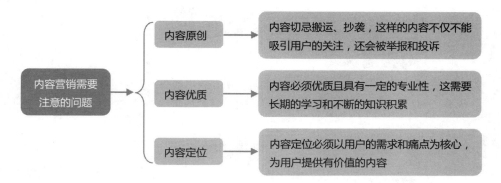

图 2-2　内容营销需要注意的问题

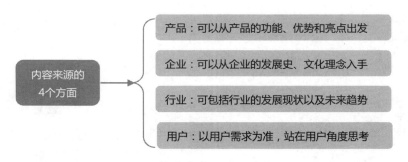

图 2-3　内容来源的 4 个方面

如果有的内容营销者实在不知道如何寻找内容素材，那么就说明你平时积累各方面的知识还不够，需要不断地学习和充实自己。俗话说得好："台上一分钟，台下十年功。"只有不断学习和积累，肚子里面才能"有货"，才能源源不断地输出优质内容，真正做到输入等于输出。

例如，自媒体内容创作者"半佛仙人"，不仅自己独立运营两个公众号，每个公众号都已经发布了几百篇原创文章，而且在 B 站、微博、知乎都有账号，用他自己的话来说就是"这是一个神奇的男人，你完全猜不出他会写出什么，他自己也不知道"。他之所以能够持续不断地输出如此之多的优质原创内容，完全得益于他十几年的知识积累和写作经验。

图 2-4 所示为"半佛仙人"的知乎主页；图 2-5 所示为"半佛仙人"的微博个人主页。

图 2-4　"半佛仙人"的知乎主页

图 2-5　"半佛仙人"的微博主页

2.1.3　内容传播，强化标签

　　在朋友圈发布信息时，我们要注重传播效率的提升，也就是说，要让自己的内容最大限度地被别人看到，要想做到这一点，就必须对内容进行布局，布局内容之网。内容之网主要包括以下 3 个模块，如图 2-6 所示。

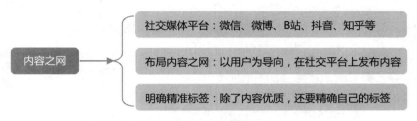

图 2-6　内容之网的 3 个模块

在内容之网的模块里，最重要的就是明确精准标签，所谓明确精准标签也可以称为"强化 IP 记忆点"。例如，公众号"手机摄影构图大全"的创始人构图君是一位摄影作家，这是他给自己定的标签。为了强化自身的标签，他每天都在朋友圈和微信公众号发布有关摄影构图的技巧以及作品，用丰富的内容来支撑和证明自己的标签。他还做了很多条 IP 记忆点，即浓缩的内容精华、观点、金句来强化受众对他的印象和认知，这样就极大提高了内容营销的效率。

图 2-7 所示为"手机摄影构图大全"公众号的文章列表；图 2-8 所示为构图君的朋友圈动态页面。

图 2-7　"手机摄影构图大全"公众号

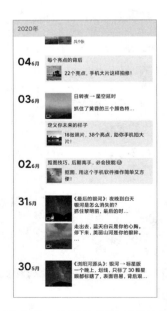

图 2-8　构图君的朋友圈动态

总而言之，提高内容营销效果的方法就是将 IP 记忆点植入内容中。其实，关于 IP 记忆点的应用在传统媒体的电视广告中就已经存在。例如，"怕上火喝王老吉""你是我的优乐美""充电 5 分钟，通话 2 小时"等，这些经典的广告词之所以让我们记忆犹新，就是因为它们成功地塑造了一个个 IP 记忆点。图 2-9所示为 VOOC 闪充技术的广告宣传海报。

图 2-9　VOOC 闪充技术的广告宣传海报

2.1.4　营销事项，3 个要点

我们在做内容营销的过程中，一定要注意以下几点事项，只有这样才有可能做好内容营销，具体内容如下。

1. 让用户主动找你

内容营销最好的效果是让用户主动来找你，而不是你去找用户，而要想达到这样的效果就必须事先做好以下 3 点，如图 2-10 所示。

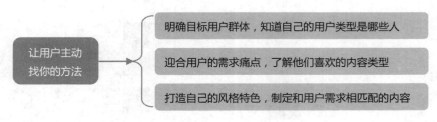

图 2-10　让用户主动找你的方法

2．摒弃"流量思维"

前面讲过，做内容营销不仅仅只是发文案那么简单，不要一味地追求阅读量、推荐量和粉丝数，企业需要的是那种精准的流量，而不是表面的泛流量，只有精准的流量才能为企业带来收益和利润。

3．不触碰规则底线

在发布营销内容时，要特别注意两点，具体内容如下。

（1）内容要健康正面，要符合社会主流思想价值观。

（2）不要违反国家相关法律法规和平台的监督规则。

2.2 通过用户，搭建私域

本节主要介绍如何通过用户来搭建私域流量池的方法，帮助大家更好地进行营销，具体内容如下。

2.2.1 精准流量，获取方法

在做营销推广时，只有获取精准流量才能提高用户的转化率。所以，获取精准流量的过程实质上就是让用户主动联系我们的过程。

有时候，即使你输出的内容非常优质，但在如今这个信息泛滥的时代，人们的注意力十分有限且分散。所以，光有好的内容是不够的，还需要提高内容传播的效率和提升内容营销的效果。那么，具体该怎么做呢？笔者根据自身的经验总结了以下 3 点方法，如图 2-11 所示。

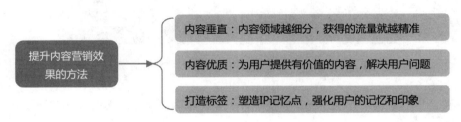

图 2-11 提升内容营销效果的方法

通过这些方法，可以获取到高意向的精准流量，因为我们提供的内容符合用户的需求和痛点，这样用户就会主动联系我们进一步了解产品。

2.2.2　营销重点，在于信任

对于营销推广人员来说，取得用户的信任是完成产品销售的关键，而建立信任是一个比较缓慢的过程，人与人之间的信任感是需要长期培养的。

在营销推广的过程中，如果用户愿意主动加你微信或者留下其他联系方式，那就说明你已经取得了用户的部分信任，或者说他对你的内容感兴趣，符合他的需求和痛点，所以想进一步了解你的产品和服务。

在企业初创时期，用户的信任和支持对企业的发展影响巨大。例如，2010 年 8 月 16 日，小米基于 Android 系统深度优化、定制和开发的 MIUI 系统正式开启内测，第一次开始进行内测时，参与的用户只有 100 个人，小米创始人雷军称他们为"梦想的赞助商"。小米公司还特地拍了一部名叫《100 个梦想的赞助商》的微电影向这最初的 100 位用户致敬，如图 2-12 所示。正是因为这些用户和粉丝对小米和 MIUI 的信任、支持，才有了小米如今的成就。

图 2-12　微电影《100 个梦想的赞助商》

营销的关键是和用户之间建立信任关系。那么，具体该怎么做呢？下面就以微信为例，结合自身的经验给大家提供以下几点建议，如图 2-13 所示。

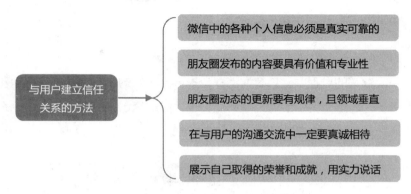

与用户建立信任
关系的方法

微信中的各种个人信息必须是真实可靠的

朋友圈发布的内容要具有价值和专业性

朋友圈动态的更新要有规律，且领域垂直

在与用户的沟通交流中一定要真诚相待

展示自己取得的荣誉和成就，用实力说话

图 2-13　与用户建立信任关系的方法

2.2.3　连接用户，转化流量

在各大主流平台上都拥有着上亿的流量，这些公共流量平台被称为公域流量池，而我们的任务就是要在公域流量池和私域流量池之间修建"流量之渠"，将公域流量引流到自己的私域流量池中。

笔者前面提到过，搭建私域流量池主要分三步：第一步是用内容连接用户；第二步是用针对性的内容对用户进行筛选，从而找到自己的目标用户群体，获得精准的流量，当然，第一步和第二步可以同时进行；第三步就是将筛选过的精准流量引流到个人微信号和微信群，搭建起属于自己的私域流量池，从而更好地经营用户，促成转化，实现流量转化。

2.2.4　经营用户，实现转化

在私域流量池中，流量是我们自己的，别人一般很难获取，自己拥有很大处置权。搭建私域流量池是为了更好地经营用户，可以解决用户留存的问题，在很大程度上避免了流量的损失和浪费。

在这个流量成本日益增长的时代，搭建私域流量是个人或企业不可避免要进行的营销战略转型。从利益的角度来讲，在私域流量池中经营客户可以最大限度地利用客户的价值，实现多次转化，从而使收益和利润最大化。

2.3　产品是 1，流量是 0

在产品营销的过程中，只有为消费者提供真正好的产品，才能获得消费者的喜爱和青睐，才能获得不错的产品销量，也才能占领市场份额。那么，什么样的产品才算好产品呢？笔者觉得好产品应该符合以下几个标准，如图 2-14 所示。

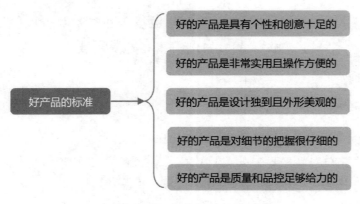

图 2-14　好产品的标准

例如，魅族手机就是这样一个专注于打磨产品的企业，在产品定位上，魅族主张"小而美"的产品战略路线，无论是在外观设计、功能配置以及细节打磨上都能体现创始人黄章的工匠精神。他始终认为产品和营销相比，产品才是最重要的，产品本身是会说话的，所以经由他亲自打造的产品都是优秀的经典之作。

图 2-15 所示为魅族 16s Pro 手机的产品宣传海报。

图 2-15　魅族 16s Pro 手机宣传海报

魅族 16s Pro 手机是魅族 16s 手机的升级版，从这款产品我们可以了解升级型产品具有以下特点，如图 2-16 所示。

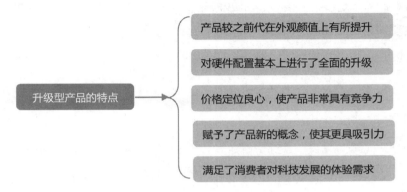

图 2-16　升级型产品的特点

对于营销来说，最重要的是要抓住用户的心，所以企业要从为品牌代言的营销思维转变到为用户代言的营销思维。在这方面，江小白这个品牌就做得很好，通过一个个走心的文案场景，引起受众内心的情感共鸣，它抓住了用户的心理需求，巧妙地将品牌文化和用户结合在一起，越来越多的人借"江小白"来抒发和表达自己的情感，实现了品牌为用户代言。

不仅如此，江小白品牌还通过《我是江小白》系列动漫塑造"江小白"作为新青年文化的代表，实现了品牌的 IP 化和人格化。图 2-17 所示为江小白官网的《我是江小白》系列动漫 IP 的页面。

图 2-17　《我是江小白》动漫

如果说产品用数字来代表，那就是 1；流量用数字来代表，那就是 0。没有这个 1，多少个 0 都没有用，而有了 1 之后，后面的 0 越多越好。所以，对于营销来说，产品才是最终的核心，在做好产品的基础上去获得源源不断的精准流量，这样的营销才是最成功的。

2.4 个人流量，打造方法

对于个人而言，打造私域流量池的方法主要有 5 步，分别是注册养号、吸引流量、打造人设、流量转化、用户管理。接下来笔者就一一进行分析和讲解。

1. 注册养号

个人要想打造私域流量池首先就得注册一个微信号，然后慢慢地进行养号，所谓养号就是养账号的权重，它会随着你注册的时间而增加。但新手小白需要特别注意的一点是，不要一开始就急于求成，进行一些违反平台规则的操作，这样会导致账号被举报而封禁。

当然，除了自己注册微信号之外，还有一种途径就是去交易平台上购买现成的微信号。这种微信号一般都有一定的账号权重，有的甚至还有现成的流量资源。

2. 吸引流量

有了微信账号之后，就相当于已经把私域流量池建好了，接下来要做的就是从其他的平台把流量引流到个人微信号中，也就是"往池子里面蓄水"。关于引流的模式主要有 3 种，如图 2-18 所示。

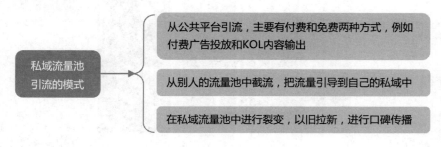

图 2-18 私域流量池引流的模式

了解私域流量池引流的主要模式之后，接下来对这几种模式进行详细分析，具体内容如下。

（1）KOL 内容输出

所谓 KOL（Key Opinion Leader）是指关键意见领袖，是一种营销学概念，也就是相当于领域专家的意思。我们可以利用自己所学的专业知识，在百度贴吧、知乎、微博、B 站等公共平台上进行内容分享，回答和解决受众的问题，慢慢积累人气和粉丝。长此以往，受众就会对你产生一种信任和佩服感，这时候你就可以在内容中留下自己的微信联系方式，让受众主动加你。

例如，知乎自媒体领域某自由撰稿人在主页的个人简介中留下自己的微信公众号进行引流，如图 2-19 所示。

图 2-19　某关键意见领袖的知乎个人主页

至于付费广告投放，这种方式的引流成本比较大，不适合个人操作，一般在企业的营销运营中比较常见。所以，笔者将在企业私域流量的内容中再介绍。

（2）截流

所谓截流就是在别人的私域流量池（QQ 群或微信群）中，利用小号做掩护，获取其用户的联系方式，然后再用自己的 QQ 或微信号一个个去添加好友，以达到引流的目的。这种方式在同行竞争中十分常见，而且效果显著，屡试不爽，不过在截流的过程中要小心谨慎，尽量不要被发现。

（3）流量裂变

最后一种模式是流量裂变，这种引流的玩法除了需要产品本身和服务足够优质之外，还需要对客户进行情感的维护，和客户交朋友，增加他们对你的信任。这样才能打动客户，使其自发地为你进行口碑传播，还会介绍新的客户给你认识，从而进一步扩大你的私域流量池，给你带来更多的收益。

3. 打造人设

打造人设是搭建个人私域流量池中非常重要的一步，独特个性的人设有利于用户加深对你的印象；积极正面或有突出成就和能力的人设能增加用户对你的信任。所以，好的人设打造对个人微信运营者来说非常重要，它不仅能加速个人 IP或品牌的形成，还会影响后期的销售转化和用户运营管理。

4. 流量转化

我们打造私域流量池的目的是将流量进行转化，并最终实现流量转化。私域流量池中的用户相对于公域流量来说质量是比较高的，因为将公域流量引流到私域流量池的过程中就已经对用户进行了初步筛选。

而且由于私域流量池环境的封闭性，个人运营者有足够的时间慢慢对用户进行转化，而不用担心用户的流失，所以在一定程度上提高了用户的转化率，比较容易达成交易。

5. 用户管理

要想发挥私域流量池的最大价值，实现利益的最大化，就必须学会用户运营，管理用户，这是一个长期且系统的过程。关于如何做好私域流量运营，笔者会在后面的章节进行详细讲解。在这里笔者对于用户的运营和管理，根据自身的经验给大家提两点建议，具体内容如下。

（1）对私域流量池中的用户进行标签分类，以根据不同的用户特征和需求进行不同的谈话技巧沟通和转化策略。

（2）多与用户进行互动，关心用户，少进行营销；和用户做朋友，获得他的信任，维护和用户之间的感情。

2.5　企业流量，搭建技巧

其实，企业私域流量池的打造方法和个人的私域流量运营差不多，只是企业私域流量池的规模要比个人的私域流量运营大，私域流量池的运营更加专业化、系统化。相比个人的私域流量运营而言，企业有更多的人力、物力、财力来搭建私域流量池，下面笔者就企业私域流量池的打造来谈一谈它和个人的私域流量运营之间的差异。

首先，企业要对目标客户人群进行定位，企业只有知道所需要的用户群体类型，才能在推广引流的过程中获取到精准的流量。其次，企业可以依靠其雄厚的经济实力，批量地注册个人微信号，创建微信社群以及微信公众号，只有池子容量够大，能装的水才会更多。

另外，前面笔者还讲过，在推广引流的方式中，企业具有个人不具备的优势，那就是企业可以进行付费广告投放，将公共平台上的流量引流到私域流量池中。图 2-20 所示为企业在微信平台上为公众号推广的付费广告。

图 2-20　付费广告

在打造 IP 和品牌、用户转化和运营方面，企业比个人更加容易，因为相对来说，企业的信誉度要比个人高，用户在对两者进行比较时会觉得企业比个人更可靠。所以，一般来说企业的用户转化率要比个人更高，更容易实现流量转化。而且，企业是团队化运营，相比个人单打独斗而言效率更高，效果更好。

除了利用个人微信号、微信群、微信公众号来搭建私域流量池之外，企业还可以通过开发 App 来圈养私域流量。例如，瑞幸咖啡就是通过微信好友之间分享下载 App 免费喝咖啡的优惠活动来进行私域流量裂变的。图 2-21 所示为瑞幸咖啡 App 推广的私域流量裂变玩法示范。

图 2-21　瑞幸咖啡 App 私域流量裂变

第3章
视频号/B站，巧妙引流

前面在介绍私域流量池搭建的方法中提到过，可以将各大互联网平台的公域流量通过各种手段引流至自己的私域流量池中。本章主要讲述如何把微信视频号和B站的流量引流到私域流量池中。

3.1　微信视频，引流方法

微信视频号是腾讯公司于 2020 年 1 月内测的短视频功能，它是腾讯为了紧跟时代潮流，与抖音、快手等火热的短视频社交平台一较高下而推出的一个全新的内容记录与创作平台。视频号功能的位置入口就在"发现"页内朋友圈功能模块的下方，如图 3-1 所示。

图 3-1　微信视频号功能入口

微信视频号的内容形式以图片、文字和视频为主，发布的图片最多不能超过 9 张，视频长度不能超过 1 分钟，而且还能带上公众号的文章链接，在手机上就可以直接发布作品。微信视频号支持收藏、转发、点赞和评论功能，还可以将优秀的作品转发给好友或发送到朋友圈进行分享。

在视频号发布优质内容可以吸引大量粉丝，而这些用户都是微信平台上活跃的公域流量，我们要做的就是将这些流量引导至个人微信号的私域流量池中。下面就来介绍微信视频号的引流方法。

3.1.1 文章链接，添加微信

微信的未来发展将基于"链接"主题，在现有链接的基础上，去补充链接手段。目前，在视频号中能添加的链接只有公众号文章链接，所以视频号运营者可以很好地利用公众号，将视频号用户转化为私域流量。

如图 3-2 所示为视频号"小鼓手妞妞"发布的视频作品。该视频号运营者就是将自己的微信二维码添加在公众号文章中，并且加上一段文字说明，引导用户加微信好友，然后以超链接的形式将该篇文章添加在视频号内容的下方。

图 3-2　利用微信公众号文章引流

3.1.2 评论留言，引导加 V

视频号的评论区是用户和运营者进行互动的地方，营销人员经常利用评论功能进行引流。视频号运营者可以在回复评论留下自己的微信联系方式，那些对内容感兴趣或有意向的用户就会添加好友。如图 3-3 所示为用户根据评论区视频号运营者留下的微信联系方式，而搜索到的个人微信号。

图 3-3　利用评论留言引流

3.1.3　内容吸引，转化用户

视频号运营者如果想要通过所发布的视频号内容吸引用户，从而转化成为私域流量，可以在视频的标题、文案以及视频内容中展示微信号。

1. 标题

视频号运营者可以将自己的微信号添加在视频号内容的标题处，用户在看完视频之后，如果觉得视频号有意思，传达了有价值或者对他有用的信息，那么他就有可能会添加微信，如图 3-4 所示。

 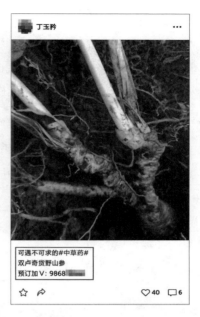

图 3-4 在视频号下方添加微信号

2. 文案

一部分视频号运营者会选择将自己的微信号或者其他的联系方式，以文案的形式添加到视频中，这种方法也可以将流量转化为私域流量。笔者建议，采用这种方法时最好是将微信号添加在视频末尾，虽然这样会减少一部分流量，但是不会因为影响内容的观感而导致用户反感。

3. 视频内容

这种方法适合真人出镜的短视频，通过视频运营者口述微信号来吸引用户加好友。这种方法的信任度比较高，说服力比较强，转化效果也比较好。

3.1.4 设置信息，留下联系方式

视频号运营者可以通过在账号主页的信息设置中添加微信号来引流，包括视频号昵称和个人简介的设置，下面笔者就来分别进行介绍。

1. 视频号昵称

视频号运营者在给视频号起名时，将自己的微信号添加在后面，如图 3-5 所示。这样其他用户在看到你的视频号时就能马上知道你的联系方式，如果你发布的内容符合他的需求，那么他就会添加你为好友。

2. 简介

一般来说，运营者会在简介中对自己以及所运营的视频号进行简单的介绍。那么，运营者填写信息时可以在简介中加入个人微信号，然后吸引用户添加好友，如图 3-6 所示。

图 3-5　在账号昵称中添加微信号　　图 3-6　在账号简介中添加联系方式

除了上面介绍在昵称和简介中添加联系方式外，运营者还可以在视频号作品的封面图片以及视频号的头像图片中加入自己的联系方式。

3.2 沉淀流量，维护粉丝

微信视频号可以为个人微信号引流增粉，个人微信号也可以帮助视频号运营者更好地维护视频号平台的粉丝，通过对粉丝的管理维护，可以增加粉丝黏性，提高营销转化率，实现流量持续转化。本节主要从 3 个方面来介绍维护和管理视频号粉丝的方法，具体内容如下。

3.2.1 营销活动，增加互动

视频号运营者可以在微信中开发一些营销小程序，如签到、抽奖、学习和小游戏等，以提高粉丝参与的积极性。运营者也可以在一些特殊的节假日期间，在微信上开发一些吸粉引流的 H5 页面活动来提升粉丝的活跃度，快速吸引新的粉丝进入微信私域流量池。

在制作微信 H5 页面活动时，"强制关注 + 抽奖"这两个功能经常会组合使用，可以把 H5 活动的二维码放到微信公众号文章中，或者将活动链接放入"原文链接"、公众号菜单以及设置关注回复等，让用户能及时参与活动。

当制作好 H5 页面活动后，还需要一定的运营技巧才能实现粉丝的有效增长，具体内容如图 3-7 所示。

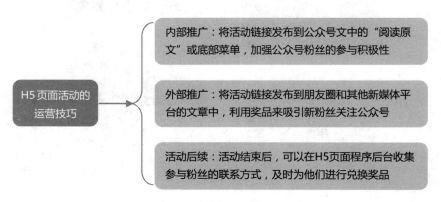

图 3-7　H5 页面活动的运营技巧

3.2.2 改变方法，提高黏性

不管是电商、微商还是实体门店，都将微信作为主要的营销平台，可见其有效性是毋庸置疑的。所以，微信视频号的运营者完全可以借鉴这些有效的方法，在微信公众号或微信朋友圈中发布营销内容，培养粉丝的忠诚度，激发他们的消费欲望，同时还可以通过微信聊天解决粉丝的问题，提高粉丝的黏性。

在运营粉丝的过程中，微信内容的安排在账号创建之初就应该有一个明确的定位，并基于其短视频内容定位进行微信内容的安排，也就是需要运营者做好微信平台的内容规划，这是保证粉丝运营顺利进行下去的有效方法。

例如，公众号"手机摄影构图大全"就对账号的内容进行了定位规划，并在功能介绍中明确说明，推送的内容始终围绕这一定位来输出，如图 3-8 所示。

所以，视频号运营者可以借鉴这个方法，给账号做好定位，并且发布其垂直领域的内容，这样引流到私域流量池的粉丝更加精准，能更好地管理和维护粉丝，同时也有利于后续的转化获利。

图 3-8　微信公众号的整体内容规划

3.2.3　打造矩阵，运营粉丝

大部分视频号运营者都会同时运营多个微信号来打造账号矩阵，但随着粉丝数量的不断增加，管理这些微信号和粉丝就成了一个较大的难题，此时视频号运营者可以利用一些其他工具来帮忙。

例如，聚客通是一个社交用户管理平台，可以帮助运营者盘活微信粉丝，引爆单品，具有多元化的裂变和拉新玩法，助力运营者实现精细化的粉丝管理。聚客通可以帮助视频号运营者基于社交平台，以智能化的方式获得以及维护新老客户，提升粉丝运营的效率。图 3-9 所示为聚客通官网首页的账号注册登录界面。

图 3-9　聚客通官网首页

3.3　B 站平台，引流途径

B 站又称哔哩哔哩（bilibili），是一个年轻人的潮流文化娱乐社区和视频平台。截至 2019 年第三季度，B 站月均活跃用户达到 1.28 亿，移动端月活跃用户达到1.14 亿，用户群体绝大多数为 18 ～ 35 岁的新生代年轻人。

从上面的数据可以看出，B 站平台的用户流量是非常巨大的，而且其流量的特征是以充满活力的年轻人为主，他们的消费欲望强，活跃度高，容易转化获利。有人曾经说过，谁抓住了年轻人，谁就有未来。所以，越来越多的官方媒体都在入驻 B 站，越来越多的企业入股投资 B 站。

B 站的用户活跃度、用户年龄结构以及用户黏性之高说明了其平台流量非常优质。所以，在搭建私域流量池时，我们有必要把 B 站平台上的流量引流到自己的私域流量池中。本节主要介绍从 B 站上引流的各种方法和途径。

3.3.1　B 站直播，引导添加

B 站直播引流主要有 3 种方式：一种是通过直播公屏引流；另一种是主播公告引流；还有一种是直播简介引流。下面笔者来逐一进行讲解。

1.　直播公屏引流

在 B 站进行直播时，我们可以在公屏留下自己的 QQ 或者微信联系方式，这样观众进入直播间时，就能在第一时间看到，如果他对你的直播内容感兴趣，就可能会加你好友，如图 3-10 所示。

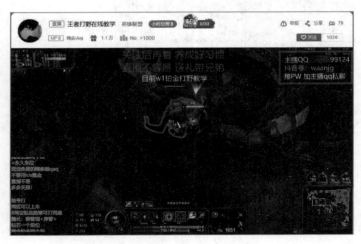

图 3-10　在直播公屏上留下个人 QQ 引流

如果当个人 QQ 或者微信好友人数达到上限时，我们还可以通过在直播公屏上留下 QQ 群或微信群号码来引导受众加群，这同样可以达到圈养私域流量的目的。而且相对于个人号而言，社群更有利于用户的运营和管理。

图 3-11 所示为主播在直播公屏上留下的 QQ 群号和微信号。

图 3-11　在直播公屏上留下 QQ 群号引流

2. 主播公告引流

主播在 B 站直播之前，可以通过在主播公告里留下联系方式来圈粉，培养自己的私域流量，如图 3-12 所示。

图 3-12　在主播公告上留下联系方式引流

3. 直播简介引流

主播可以通过撰写 B 站直播简介来进行引流，如图 3-13 所示。

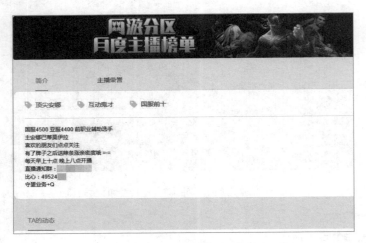

图 3-13　通过直播简介来引流

4. 标题封面引流

除此之外，主播还可以通过设置直播间的标题和封面，在标题或封面图片中加入联系方式来进行引流，如图 3-14 所示。

图 3-14　通过直播标题进行引流

3.3.2 专栏投稿，文章引流

B 站的内容输出形式一共有 3 种，除了前面讲的直播之外，还有图文和视频。B 站的专栏区就是专门给内容创作者进行图文创作、文章投稿的地方。所以，我们可以在文章的结尾处放上自己的微信号或公众号来引流，如图 3-15 所示。

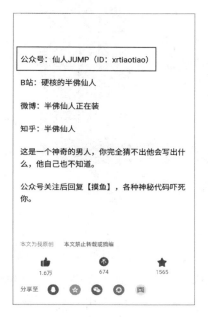
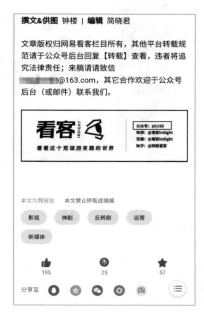

图 3-15　通过专栏文章投稿来引流

3.3.3 视频引流，4 种手段

在 B 站通过投稿视频来引流一共有 4 种操作手法，分别是视频标题引流、视频简介引流、视频内容引流和视频弹幕引流，具体内容如下。

1. 视频标题引流

我们在进行视频投稿时可以将个人微信号加入视频标题中，这样能让受众一眼就看到你的联系方式，从而吸引意向人群添加好友，如图 3-16 所示。

图 3-16　通过视频标题来引流

2. 视频简介引流

在视频的内容简介中加入联系方式的引流效果没有视频标题那么明显，因为受众在刷 B 站视频时一般很少去看视频的内容简介，而且视频简介的内容会被系统默认折叠或隐藏。虽然如此，但这也不失为一种可行的引流方法，如图 3-17 所示。

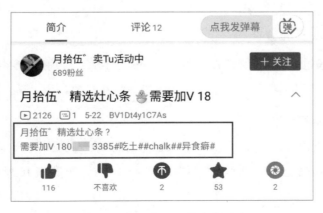

图 3-17　通过视频简介来引流

3. 视频内容引流

另外，有的 UP 主会在投稿的视频内容中加入联系方式来为自己引流。例如，B 站知名 UP 主"半佛仙人"，在每期投稿的视频结尾中都会加入自己的微信公众号，将 B 站上的流量引过去，如图 3-18 所示。

图 3-18　通过视频内容来引流

4. 视频弹幕引流

弹幕文化作为 B 站视频平台的特色对增强用户黏性起到了很大的作用，发弹幕是用户观看视频进行互动交流最常用的方式之一。弹幕的优势在于没有时间限制，只要发送了弹幕之后，不管受众在什么时候进来观看视频，都可以看到别人发送的弹幕信息，除非受众在观看视频时把弹幕给屏蔽了。

图 3-19 所示为 B 站视频中用户发送的弹幕信息。

图 3-19　用户发送的弹幕信息

基于这个优点，我们可以在 B 站视频中把个人联系方式作为弹幕发送出去，这样点击观看这个视频的受众就可以看到你的引流信息了。

新注册的 B 站用户无法发送弹幕信息，要想开通弹幕功能就必须进行答题转正，新用户点击视频观看时（手机端），在 🎬 旁边会有"答题转正"或"请继续答题"按钮，如图 3-20 所示。点击该按钮即可跳转至答题界面，如图 3-21 所示。

图 3-20　点击"请继续答题"按钮

图 3-21　答题界面

专家提醒：B 站答题转正制度设置的作用如下所示：

（1）让新用户事先了解 B 站的平台规则和社区文化；

（2）可以对用户群体进行筛选，让用户学习弹幕礼仪；

（3）维持用户人数增长和内容质量程度之间的平衡；

（4）答题转正在一定程度上能提高 B 站用户的黏性；

（5）可以对用户进行分类，优化 B 站的内容机制和算法。

3.3.4　发表评论，巧妙引流

B 站用户除了发送弹幕进行互动之外，视频或者文章下方的评论区也是用户沟通交流的地方。用户在浏览完内容之后会发表一些自己的观点和看法，UP 主在和用户进行互动时，会将自己所要表达的重要信息的评论进行置顶，这样所有参与互动的用户都可以看到，如图 3-22 所示。

图 3-22　对重要信息的评论进行置顶

我们在 B 站进行推广引流时，一定要好好利用评论置顶这个功能，把含有个人微信号的评论进行置顶，对私域流量的引流能起到很好的效果。

3.3.5　个人主页，简介引流

一些 UP 主会将自己的个人微信或者 QQ 联系方式写在个人主页的资料简介上，以方便那些有意向的用户流量添加好友，如图 3-23 所示。

图 3-23　在个人简介上留下联系方式进行引流

第 4 章

微信吸粉，方法众多

现如今，微信已然成为国内最大的社交平台，也是各大商家、企业搭建私域流量池的主要场所。本章主要介绍如何利用微信本身的功能来添加好友以及从其他渠道为微信吸粉引流的方法和技巧，以帮助大家更好地做好个人微信的私域流量池运营。

4.1 公域流量，导入微信

各大互联网平台上的用户都是免费的公共流量，如果你需要进行产品推广，流量来源有两种：一种是免费流量；另一种是付费流量。但是付费流量的费用一般比较高，个人运营者承受不了很大的成本，所以我们要通过微信将免费的公共流量引流到私域流量池中。

1. 通过微信不断复用存量客户

基于以上原因，我们需要不断去开拓新的低成本或免费的流量市场，微信作为一个非常不错的封闭市场，具有以下 4 个特点，如图 4-1 所示。

图 4-1　微信封闭市场的特点

微信运营者可以通过很多方法将意向客户引流到个人微信号中。比如，如果你知道对方的手机号、QQ 号或者微信号，就可以直接在微信搜索其号码，然后添加对方为好友。图 4-2 所示为根据微信号搜索查找到的微信联系人。

图 4-2　通过搜索微信号添加好友

现在，微信已经成为最主要的联系方式，在推广引流时，我们可以在各大互联网平台上留下自己的微信号来吸引意向客户添加，如图 4-3 所示。

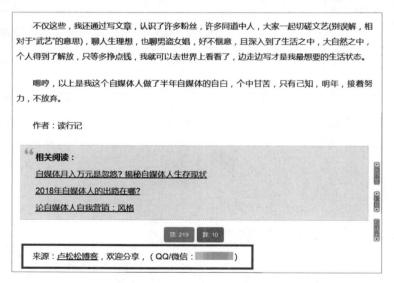

图 4-3　通过互联网留下微信号进行引流

2. 与客户建立关系和信任

随着微信的功能日趋完善，微信运营也进入了成熟期，早期入驻的用户已经获得了大量的流量红利，随着拼多多、微店等基于微信的电商平台的崛起，很多传统的电商也都涌入其中。因此，我们要尽早布局微信私域流量，以便获得更多优质流量。

将存量客户引流至个人微信号搭建私域流量池后，我们可以不断地重复使用这些流量资源，提升客户生命周期的价值，如图4-4所示。

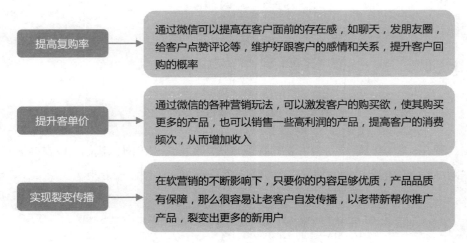

图4-4　私域流量池对于提升客户生命周期价值的作用

在构建私域流量池时，虽然也需要付出一定的引流成本，但是私域流量池可以衍生出更多的转化方式，给我们带来更高的收益，获得更高的投入产出比。私域流量池的重点在于精准的流量运营，然后进行流量转化，可以减少不必要的推广成本，达到提升投资回报率的目的。

4.2　发动粉丝，进行推广

对于微信运营者来讲，流量的增长是关键，因为没有足够的精准流量，微信运营者就很难运营下去，这是一个比较难以突破的瓶颈。好在粉丝模式的兴起让微信运营者看到了希望的曙光，粉丝数量以及活跃程度，决定了微信运营者的客户流量可以实现爆发式的增长。

　　微信运营者可以在自己现有粉丝数量的基础上，让粉丝去帮你分享推荐自己的微信名片或者联系方式。当然，要想粉丝主动去转发和分享，就必须带给他们分享转发的动力，比如转发参与抽奖活动。只有具有价值的内容，才会引起客户注意。

　　为了更好地促进粉丝对微信活动的转发与分享，微信运营者可以在 H5 页面中添加裂变红包插件，粉丝每次抽得红包就可以获得相应的裂变红包。裂变红包对微信运营者的 H5 营销活动具有很好的推动作用，能极大地激发粉丝的分享动力，让推广的范围更大。对于裂变红包活动来说，只有在分享足够的人数后才能领取红包，做好 H5 裂变红包活动后，还需要着重进行传播和推广。

　　微信红包营销改变了传统的品牌营销模式，也成为门店宣传推广的主要活动方式之一。特别是 H5 裂变红包活动，客户参与扫码活动就可以打开一个组合红包，将其分享给好友领取之后，可以随机获得一个红包，通过推荐好友送红包来使门店品牌达到裂变传播的效果。

　　对自己的粉丝流量进行裂变引流时，其奖励的规则包括两种方式：一种是粉丝分享并提供截图；另一种是以分享之后被成功转化的人作为奖励的依据。

4.3　抓住机会，主动加人

　　如果现在有一款产品要推广，让你去找流量，你如何去找？是去全网平台"广撒网"，还是从相关流量中筛选出高意向的精准客户。从笔者的亲身体验来说，后者所获得的客户质量要比前者高出很多，转化率和成交率也远高于普通流量客户。所以，我们要利用一切机会获得精准客户。

　　精准流量类型按成本高低可分为免费流量和付费流量；按获取方式可分为被动流量和主动流量（所谓主动流量就是自己主动去网上寻找意向客户，比如扫群，一个个地去私聊；被动流量就是去做软文推广，留下广告，坐等别人加你）。那么，怎样才能获得精准的客户流量呢？接下来笔者就教大家获取精准流量的几个方法。

私域流量池运营：高转化、高复购的深度粉销

（1）添加相关关键词的 QQ 群或微信群

QQ 群和微信群现在已经成为人们社交活动的主流平台，用户活跃基数是非常巨大的，我们可以搜索和产品相关的关键词的 QQ 群，或添加相关的微信群来获取精准流量，这样的流量精准度一般是比较高的，而且加群的成本比较低，甚至免费，所以这是网络营销最常见的手段之一。

（2）利用百度贴吧、百度知道、知乎等社交平台进行软文推广

主动流量的好处在于见效快，但是客户精准度和转化率相对于被动流量来说较低，所以在做主动流量的同时，还要布局被动流量来扩大我们的流量来源，这样才能保证收益的稳定和增加。

除了腾讯的平台以外，百度贴吧、百度知道、百度经验等一系列产品平台的用户流量也是非常可观的。同样，我们也是根据产品关键词发布相关知识和软文信息来吸引对这个话题感兴趣的意向客户关注。通过长期的知识分享，建立与粉丝之间的信任感，然后再留下联系方式引导客户添加即可。

这种被动流量的推广方式，虽然见效比主动流量要慢，需要花费更多的时间和精力来运营。但是，客户群体的精准度和稳定度要高，一旦做起来了，每天都会有源源不断的精准客户主动添加你，关键是成本很低。

（3）利用电话主动联系客户，并添加其微信

电话销售也是营销的常见方式之一。采用一定技术手段取得客户的信息，比如电话号码，再通过外呼向客户介绍产品，询问客户的意向程度，建立初步的印象，最后再索要客户的微信联系方式并添加。

（4）花钱投放付费广告，快速获取精准流量

最后一种方法是通过付费的方式，在各大平台投放产品信息的广告，并留下联系方式，吸引感兴趣的客户点击广告了解，并主动添加个人微信。常见的付费流量推广一般有两种：一种是信息流；另一种是 SEM（搜索引擎营销）。

这种付费流量的获取方式见效极快，客户精准度很高，但是相对的，单个流量的价格不低，而且不管客户有没有添加微信，只要点击了广告，就会产生费用，经常会造成因恶意点击而导致成本浪费。这种模式一般只有资金较为雄厚的企业运营，绝大多数个人运营者和创业者根本承担不起。

4.4　运用方式，让人加你

当我们利用营销推广手段将公域流量引流至微信私域流量池以后，就要对这些流量进行沟通、转化，让其成为我们忠实的付费客户，在现有私域流量的基础上，用福利、文案、合作的方式进一步增加客户人数，扩大自己的私域流量池。

下面笔者讲解如何利用福利、文案以及合作的方式来增加客户人数，打造高价值的朋友圈私域流量。

1.　福利

福利的诱惑对于任何人来说都是难以抵挡的，每当我们看到商店或者超市搞活动，免费赠送产品，或者优惠折扣回馈时，都会吸引大量的人去参与，场面非常热闹。所以，我们要在朋友圈经常发布各种福利活动，用福利来吸引客户参与和互动，增加和客户之间的感情，让其自愿帮你转发或者推广产品，甚至介绍身边的人给你，使你的收益增加。

2.　文案

文案对于微信营销者来说尤为重要，优秀的文案能够吸引大量的客户关注，期待着你朋友圈内容的持续推送和不断更新，当客户和你的文案产生共鸣时，就会不求回报地帮你转发和传播。

3.　合作

对于私域流量池中的那些忠实粉丝型客户，由于认识接触的时间长，双方对彼此也有一定的了解，客户不但喜欢你的产品，还认可你的为人，就可以考虑建立合作关系，拉他"入伙"，互惠互利，一起把事业发展壮大。

4.5　5大功能，巧获粉丝

微信如此受欢迎也是由于它有很多好玩、实用的功能，比如说扫一扫、摇一摇、附近的人，而这些功能还能作为找到好友、添加好友的渠道。本节主要介绍通过5大内置功能巧获大量粉丝的操作方法。

4.5.1　手机通讯，添加好友

在以手机为主要通信工具的时代，手机通讯录其实就相当于人的社会关系的一个缩影，它是人的各种社会关系的具体表现，里面有亲人、好友、同学、领导、同事、客户等，少的有几十个，多的有上百个。图4-5所示为手机通讯录页面所显示的联系人。

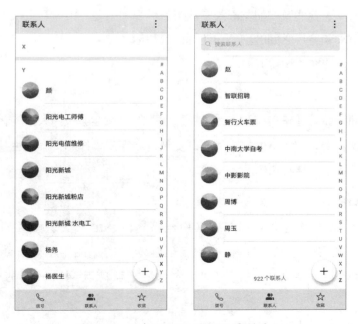

图4-5　手机通讯录所显示的联系人

特别是使用同一个手机号越久的人，里面存储的人往往就越多。俗话说：创业需要第一桶金，而在如今人气就是财气的网络时代，我们需要第一桶"人气"，而最好的人气资源就是我们的手机通讯录。

因为手机通讯录里面的人，我们基本上都是知根知底的，这样就可以很好地根据自己营销的需要进行分类、标注，发送针对性的信息，实现用户群体、品牌建设和产品推广的精准营销。

如果用户手机中有许多通讯录号码，此时可以通过微信服务插件，将通讯录中的号码全部添加至微信列表中，使其成为个人微信好友中的一员。

步骤 01 打开微信，❶ 点击"通讯录"按钮，进入"通讯录"界面；❷ 点击右上角的 ⊕ 按钮；❸ 在弹出的列表框中选择"添加朋友"选项，如图 4-6 所示。进入"添加朋友"界面；❹ 选择"手机联系人"选项，如图 4-7 所示。

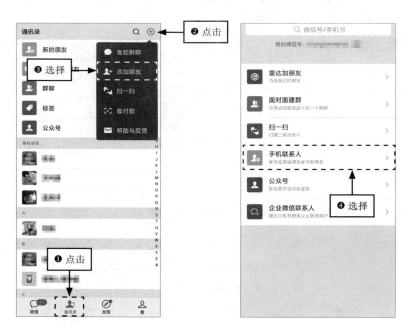

图 4-6　选择"添加朋友"选项　　图 4-7　选择"手机联系人"选项

步骤 02 进入相应页面，此时系统将自动获取手机通讯录中的联系人，未添加微信好友的右侧，会出现"添加"字样，❶ 点击"添加"按钮，如图 4-8 所示。进入"验证申请"界面；❷ 输入验证信息和备注信息；❸ 点击右上角的"发送"按钮，如图 4-9 所示。提示信息发送成功，待对方确认后，即可成功添加好友。

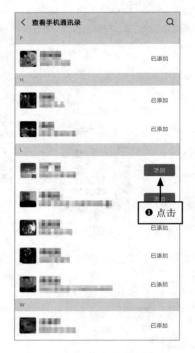

图 4-8　点击"添加"按钮

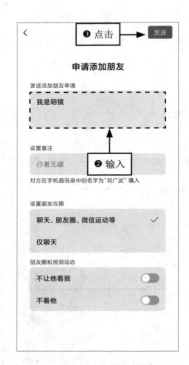

图 4-9　输入验证信息

4.5.2　QQ 搜索，添加微信

如果说手机通讯录是我们的第一桶"人气资源"，那第二桶非 QQ 好友莫属。现在每个人至少都有一个专用的 QQ，里面也有各类朋友，估计手机通讯录有的，QQ 好友上都有，手机通讯录里没有的，QQ 好友上也有，在一定程度上可以扩大微信好友的数量。图 4-10 所示为 QQ 好友管理器的好友分组及人数。

图 4-10　QQ 好友管理器

下面介绍将 QQ 好友加入微信的操作方法。

步骤 01 在微信界面中，进入"添加朋友"界面，❶ 界面上方的搜索栏中显示"微信号 / 手机号"的字样，如图 4-11 所示；❷ 在搜索栏中输入需要添加的客户 QQ 号码，如图 4-12 所示。

图 4-11　显示相应字样

图 4-12　输入 QQ 号

步骤 02 在下方点击"搜索"按钮，即可搜索到客户的微信信息，❶ 点击"添加到通讯录"按钮，如图 4-13 所示。进入"申请添加朋友"页面；❷ 输入验证申请信息；❸ 点击"发送"按钮，如图 4-14 所示发送成功后提示已发送，待对方确认后，即可添加成功。

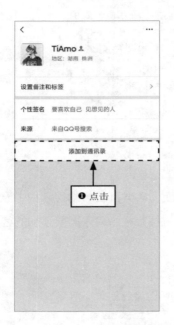

图 4-13　点击"添加到通讯录"按钮　　　图 4-14　　"申请添加朋友"界面

4.5.3　附近的人，查找好友

在微信的"发现"页面中，有一个十分有趣的功能，叫作"附近的人"。它可以定位你当前的位置，并且自动搜索周围同样也开启了这个功能的微信用户，继而可以向其打招呼，请求添加好友。

下面介绍通过"附近的人"添加微信好友的操作方法。

步骤 01 在登录微信之后，进入"发现"界面，❶ 点击"附近的人"按钮，如图 4-15 所示；❷ 点击一位用户的"微信号"按钮，如图 4-16 所示。

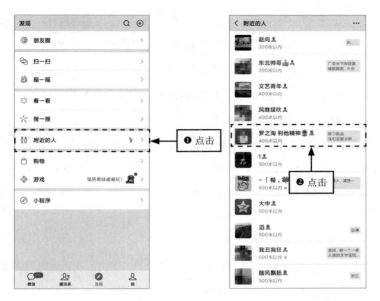

图 4-15　点击"附近的人"按钮　　　图 4-16　点击"微信号"按钮

步骤 02　进入其微信资料界面，❶ 点击"打招呼"按钮，如图 4-17 所示。进入"打招呼"界面；❷ 编辑说话内容；❸ 点击"发送"按钮，如图 4-18 所示。

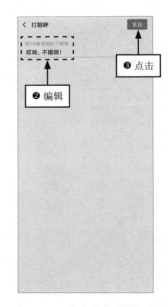

图 4-17　点击"打招呼"按钮　　　图 4-18　点击"发送"按钮

在把"附近的人"列表里的人添加为好友后，应该要做些什么呢？首先，我们不能加了好友之后立马就开始推销产品，这样只会让对方觉得你诚意不够，加好友只是为了打广告，可能还会在你的广告信息发送之后就立马把你拉黑。凡事都讲究循序渐进，新添加的好友应该要礼貌地打招呼，并且多在朋友圈中进行互动。这样既可以避免陷入尴尬的局面，又能加深彼此之间的了解。

其次，大家应该要学会展示自身的魅力，这样能给对方留下良好的第一印象。当然，这种魅力的展示最好留在朋友圈里，让对方作为客观的第三者来判断。这需要大家从生活中不断积累、充实和提升自己。

4.5.4　摇动手机，随机添加

"摇一摇"是一个非常有意思的社交功能，当你打开这个功能并且摇晃手机时，手机系统将为你推荐和你同一时段摇动手机的用户。大家可以通过这一功能来添加好友，增加流量来源。

下面介绍通过"摇一摇"功能添加微信好友的操作方法。

步骤 01 打开微信"发现"界面，点击"摇一摇"按钮，如图 4-19 所示。

步骤 02 进入"摇一摇"界面，如图 4-20 所示。

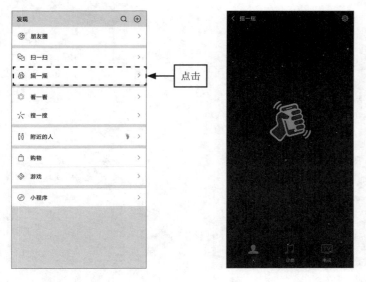

图 4-19　点击"摇一摇"按钮　　　图 4-20　　"摇一摇"界面

步骤 03 进入界面后晃动手机，系统就会自动搜寻同一时刻摇晃手机的人，❶ 点击匹配到微信，如图 4-21 所示。进入资料界面；❷ 点击"打招呼"按钮，如图 4-22 所示。之后的步骤和"附近的人"的添加方法一致，按照其操作即可。

图 4-21　点击微信

图 4-22　点击"打招呼"按钮

4.5.5　扫码添加，方便快捷

"扫一扫"功能现在是非常流行的，当我们在拓展客户时，随时随地都可以通过"扫一扫"功能添加对方为好友。下面介绍通过微信"扫一扫"功能添加好友的操作方法。

步骤 01 进入微信，❶ 点击右上角的⊕按钮；❷ 在弹出的列表框中选择"扫一扫"选项，如图 4-23 所示。进入扫码界面；❸ 对准二维码名片进行扫描，如图 4-24 所示。

图 4-23　选择"扫一扫"选项　　　图 4-24　扫描二维码

步骤 02 稍后将显示二维码读取的微信资料，❶ 点击"添加到通讯录"按钮，如图 4-25 所示；❷ 点击"发送"按钮，添加朋友申请，如图 4-26 所示。

图 4-25　点击"添加到通讯录"按钮　　　图 4-26　点击"发送"按钮添加朋友申请

4.6 各种平台，引流方法

除了上一节中介绍的5种添加粉丝的方法，下面再向读者介绍几种吸粉引流的技巧，帮助微信运营者快速获取大量粉丝，扩大私域流量池。

4.6.1 线下实体，直接推广

针对有实体店的老板，如果能够运用微信来进行更多的互动和交流，这样就会有更多的回头客，形成良性的关系。实体店是一种很好的增粉渠道，想做微信营销的人一定要好好利用这个资源，实体店的好处有以下几点，如图 4-27 所示。

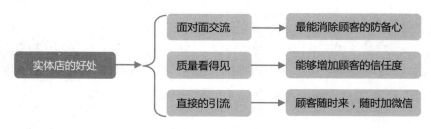

图 4-27 实体店的好处

实体店拓展粉丝的具体方法有以下两点，具体内容如下。

（1）通过赠送礼品获得关注，让顾客留下联系方式。

（2）主动和顾客去打招呼，多和顾客进行互动交流。

4.6.2 朋友圈，强大作用

微信朋友圈的力量有多强大，相信不用笔者说，大家都知道，微信运营者可以利用朋友圈的强大社交性为自己的微信号宣传推广，吸粉引流，从而增加客流量，提高产品销量。

想要用户转发分享，就必须有能够激发他们分享传播的动力，这些动力来源于很多方面，可以是活动优惠、集赞送礼，也可以是非常优秀的能够打动用户的内容，不管怎么样，只有提供有价值的内容才会引起用户的注意和关注。

4.6.3　QQ平台，其他引流

作为最早的网络通信平台，QQ平台的资源优势和底蕴，以及庞大的用户群体，都是必须巩固的阵地，QQ个人资料、QQ群、QQ空间就是大家引流的方向。下面介绍3种常见的在QQ平台中为微信引流的方法。

1. QQ个性签名引流

QQ个性签名是和QQ头像、QQ昵称一样会直接在QQ好友栏显示的信息，但QQ头像展示的内容有限，QQ昵称又可能被备注覆盖，所以QQ个性签名更加适合进行引流。商户只需通过编辑个性签名就可以将需要引流的微信号信息展现在自己QQ好友的好友信息栏之中。

2. QQ群引流

QQ群有许多热门分类，微信营销者可以通过查找同类群并加入进去，进入群之后，不要着急推广引流，先在群里混个脸熟，之后可以在适当时发布广告引流。我们可以利用QQ群的以下这些功能来为推广引流，如图4-28所示。

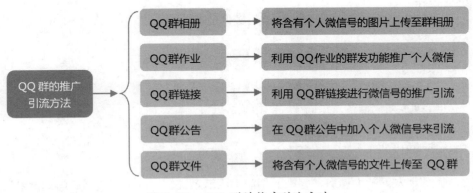

图4-28　QQ群的推广引流方法

3. QQ空间引流

QQ空间是营销者可以充分利用起来进行引流的一个好地方，下面就为大家具体介绍 6 种常见的 QQ 空间引流方法，如图 4-29 所示。

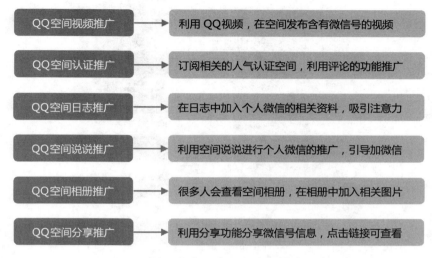

图 4-29　6 种常见的 QQ 空间推广方法

4.6.4　大号互推，实现共赢

通过爆款大号互推的方法进行微信号的互推，也就是建立微信号营销矩阵，强强联手实现共赢。大家在很多的微信群中，应该见到过某一个微信号会将别人的微信名片推荐给一个或者几个人的情况，这种推广就算微信号互推。他们可能是互相认识的朋友，甚至会约定好有偿或者无偿给对方进行微信号推广，最好是找一些微商大咖来帮你做推广，他们的资源和影响力都很强。

我们在进行微信号互推时，需要注意一点：找的互推微信号销售的产品类型尽量不要跟自己的产品是一个类型的，因为运营者之间会存在一定的竞争关系。两个互推的微信号之间尽量存在互补性。举个例子，你的微信号是销售护肤产品的，那么你选择互推的微信号时，就应该先考虑寻找那些销售补水仪等仪器类的微信号，这样获得的粉丝才是有价值的。

专家提醒：微信号之间互推是一种快速涨粉的方式，它能够帮助微信运营者短时间内获得大量的粉丝，效果十分明显。

图 4-30 所示为向微信好友推荐他人的微信个人名片。

图 4-30　微信号互推

4.6.5　用公众号，推广微信

微信公众号的功能模块是可以自定义设置的，很多公众号大 V 的公众号菜单模块里都有设置"商务合作"的功能。微信运营者可以在自己的公众号账号中加入个人微信号信息，将公众号上的粉丝引流到个人微信号中，如图 4-31 所示。

图 4-31　利用公众号功能推广微信号

4.6.6　活动吸粉，快速涨粉

营销是要靠活动支撑的，如果只是单纯的广告植入，它的关注度和阅读率是很低的。微信营销者要想吸引更多粉丝，活动推广也是其中非常重要的一环。

1. 线上活动

图 4-32 所示为蕊希官方粉丝微信群的线上投票活动。

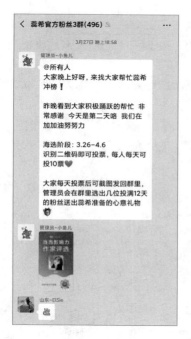

图 4-32　线上投票活动

在微信公众号的后台，微信公众号运营者可以通过发起投票活动的方式来吸引粉丝，下面以公众号"手机摄影构图大全"为例，介绍创建投票活动的操作方法。

步骤 01　进入"手机摄影构图大全"公众号后台管理界面，点击左侧"功能"下方的"投票管理"按钮，如图 4-33 所示。

步骤 02　进入"投票管理"页面，点击"新建投票"按钮，如图 4-34 所示。

图 4-33　点击"投票管理"按钮

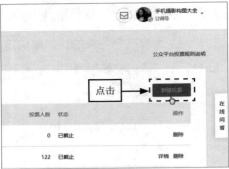

图 4-34　点击"新建投票"按钮

步骤 03　执行操作后，运营者只要在该页面按照要求填写相关的活动内容即可，如图 4-35 所示。

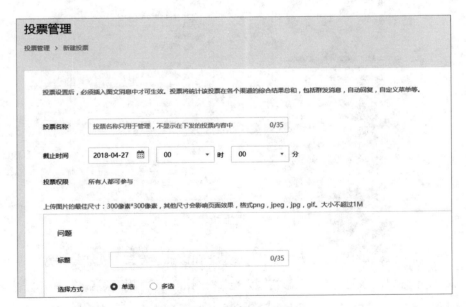

图 4-35　填写相关的活动内容

2. 线下活动

线下活动种类众多，如图 4-36 所示。这些都是人流集中的活动场所，运营者可以通过这些活动实现营销引流。

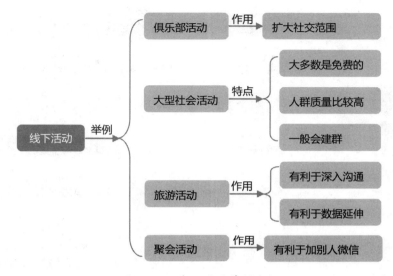

图 4-36　线下活动举例介绍

在线下活动的选择中，应该注意从以下 4 个方面着手，如图 4-37 所示。

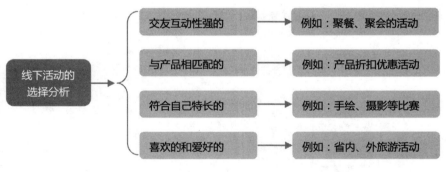

图 4-37　线下活动的选择分析

4.6.7　今日头条，文章引流

今日头条自媒体平台可以帮助微信营销者扩大自身影响力，增加产品曝光率和关注度。我们注册了"头条号"之后，要想把这一渠道运营好，就必须在多个模块上下功夫，下面是今日头条常用的运营模块，如图 4-38 所示。

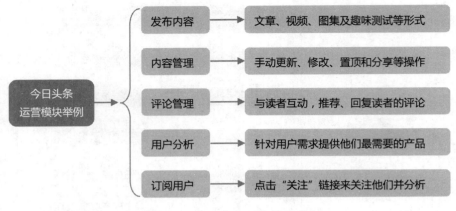

图 4-38　今日头条运营模块举例

如今，很多已经成为超级 IP 的网络红人都开通了今日头条来传播自己的品牌，实现内容转化的目标。对于用户来说可以获得更好的使用体验，而对微信营销者来说，是个很不错的引流渠道。

图 4-39 所示为头条号"手机摄影构图大全"发布的摄影文章，并推荐了学习摄影的相关书籍，文章中顺势放入了作者的微信号。

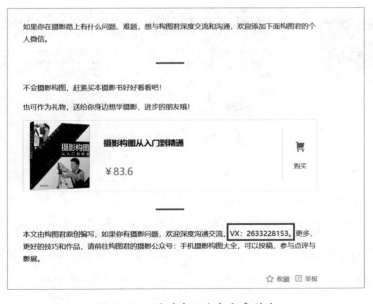

图 4-39　通过今日头条文章引流

下面向读者介绍在今日头条中编辑文章的具体操作方法。

步骤 01 打开今日头条网站，注册并登录今日头条账号，进入后台管理界面，❶ 点击"发表"按钮；❷ 在弹出的列表框中选择"文章"选项，如图 4-40 所示。

图 4-40 选择"文章"选项

步骤 02 进入"发表文章"页面，在其中输入标题与正文内容，将微信号与公众号嵌入文章内容中，以达到吸粉引流的目的，如图 4-41 所示。

图 4-41 将微信号与公众号嵌入文章内容中

4.6.8 建立矩阵，迅速引流

说到营销引流，新媒体平台是必不可少的，它是如今互联网中有着巨大潜力和机会的营销渠道，是定制的引流平台，我们可以通过建立平台矩阵来快速引流。下面介绍各大新媒体平台是如何进行渠道营销引流的，如图 4-42 所示。

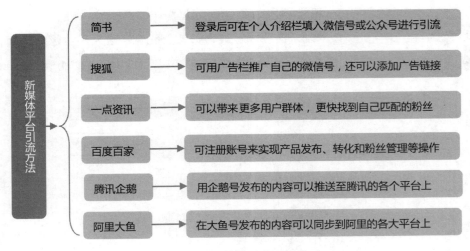

图 4-42　新媒体平台引流方法

以"简书"为例，不仅可以通过回复读者留言引流，在"个人介绍"栏内还可以添加自己营销的微信号或公众号，当鼠标移至微信标志上时，还可以弹出二维码，如图 4-43 所示。

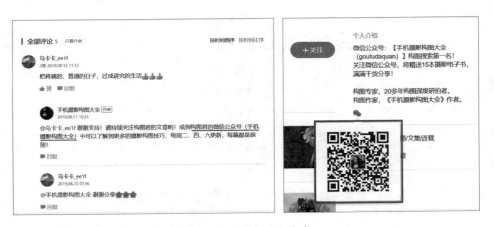

图 4-43　简书引流方式

除了今日头条以外，主流的新媒体平台还有百家号、企鹅号和大鱼号。对于自媒体内容创作者来说，原则上平台是不允许直接在内容中打广告来引流的，但是每个平台的运营规则都不尽相同，只要操作巧妙，还是可以利用平台算法的漏洞来实现推广引流的目的。

例如，下面分别是某营销者在百家号和企鹅号发布的营销推广视频，在视频中留下了联系方式，如图 4-44 所示。

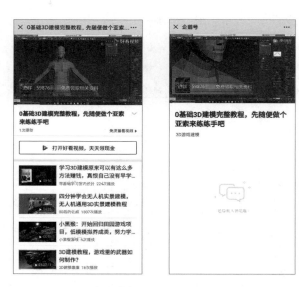

图 4-44　在百家号、企鹅号发布的营销视频

4.6.9　电商平台，评论引流

电商渠道是获得流量的主要渠道之一，特别是在移动电商高速发展的情况下，淘宝、京东、当当等电商平台被更多的运营者纳入推广领域中，且策略越来越成熟，方式越来越多样化，如图 4-45 所示。

电商平台引流方法

当当网：不购买商品也可以评论，我们可以留下自己的微信号来引流

淘宝直播：推荐相关商品引导关注，通过直播界面激活商品列表

苏宁易购：申请入驻易购达人平台，发布文章进行产品宣传、推广

京东快报：通过极具吸引力的内容，将用户引导到相应的购买界面

图 4-45　电商平台引流方法

人们购买商品时都习惯去看评论，聪明的商家就抓住消费者的这个心理，在评论区进行引流，图 4-46 所示为某商家在当当网商品评论区留下的微信号。

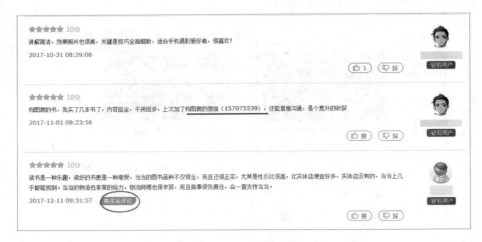

图 4-46　当当商品评论区

下面以"当当网"为例，讲解在电商平台写评论引流的操作方法。

步骤 01　在当当网中打开相关的图书链接，单击右侧的"我要写评论"按钮，如图 4-47 所示。

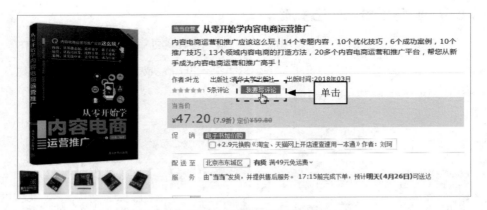

图 4-47　单击右侧的"我要写评论"按钮

步骤 02　弹出评论页面，❶ 在"短评"页面中输入相应的评论内容，并写上微信号；❷ 单击下方的"发表"按钮，即可发表评论成功，如图 4-48 所示。

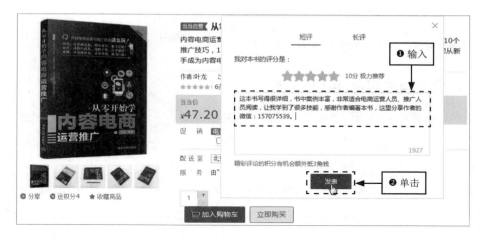

图 4-48　单击下方的"发表"按钮

4.6.10　微博"@"，借助名人

我们在进行微博营销的过程中，"@"这个功能非常重要，有时候在博文里"@"名人微博、媒体微博或者企业微博等，如果这些媒体或名人回复了你的内容，那么很有可能获得一批粉丝的关注，从而扩大自身的影响力，图 4-49 所示为通过@ 名人和企业来为自己吸引粉丝和人气的案例。

图 4-49　通过 @ 名人和企业来引流

专家提醒：在与粉丝私信聊天过程中，我们就可以将粉丝引流至微信号中，方便集中管理。

4.6.11 百度平台，引流途径

当你问别人问题时，是不是常常会得到"百度一下你就知道"这样的回答？这句话就足以显示出百度的实力了，这么多年过去了，百度依然是人们获取信息、查询资料重要平台，利用好了，产品营销会更有效率。

所以，用百度平台引流是微信营销者必不可少的选择，百度平台拥有巨大的用户流量，对私域流量池的引流和扩建起到非常重要的作用。一般来说，在百度平台上进行营销推广时，主要以百度贴吧、百度经验、百度知道、百度文库 4 个渠道作为引流的途径。下面笔者就来具体介绍其引流的方法。

1．百度知道

"百度知道"是一个分享问题答案的平台，百度知道引流的方法是指在百度知道上，通过回答问题，把自己的广告有效地嵌入回复中的一种方式，它是问答式引流方法中的一种，其特点如图 4-50 所示。

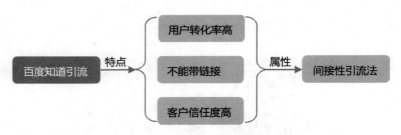

图 4-50　百度知道引流的特点

我们来看一个案例，某营销推广人员在回答网友问题时，在回复中巧妙地留下广告信息，以此达到引流的目的，如图 4-51 所示。

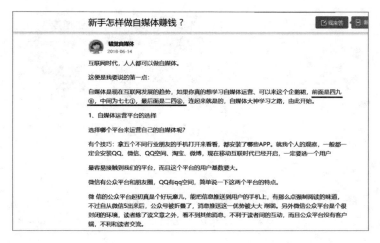

图 4-51　百度知道引流的案例

从上面的引流案例中我们可以看出，该营销者的广告信息留的很隐蔽，看得出来煞费苦心。这是因为基本上任何平台都是不允许直接在上面明目张胆地打广告，平台也是为了保证受众的阅读体验。

所以，微信营销者在百度知道进行营销推广时也要尽量小心翼翼，否则一旦被平台检测到，就有可能面临被封号的危险。

2. 百度文库

百度文库是一个互联网分享学习的开放平台，我们如何利用百度文库进行引流呢？利用百度文库进行引流的关键点一共有 3 个，具体内容如下。

（1）设置带长尾关键词的标题

百度文库的标题中最好包含想要推广的长尾词，如果关键词在百度文库的排名还可以，就能吸引到不少的流量。

（2）选择的内容质量要高

在百度文库内容方面，推广时应尽量撰写、整理一些原创内容，比如把一些精华内容做成 PPT 上传到文库。

（3）注意细节问题

在使用百度文库进行引流时，需要注意一些细节，如图 4-52 所示。

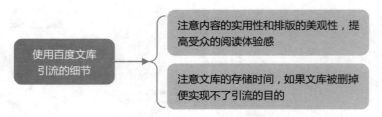

图 4-52　使用百度文库引流的细节

3. 百度贴吧

百度贴吧是一个以兴趣主题聚合志同道合者的互动平台，也是营销者引流常用的方法之一，下面笔者就为大家介绍百度贴吧引流的 5 个常用操作技巧。

（1）根据需要选择冷 / 热门贴吧

冷门贴吧和热门贴吧的区别是，冷门贴吧可以发外链、广告，不会立马被删除；而热门贴吧不能发外链和广告，但可以提高微信号的流量，同时竞争也很激烈。

（2）内容涉及宣传一定要用软文

帖子的内容是在贴吧发帖最重要的部分，这一部分的把控会直接影响贴吧的引流效果。所以，微信运营者可以尝试在贴吧里发布软文，因为软文能够起到以下效果，如图 4-53 所示。

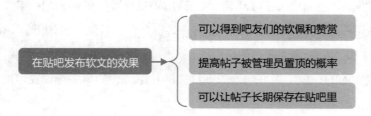

图 4-53　在贴吧发布软文的效果

（3）内容结合时事热点进行引流

帖子要想成为贴吧中的热门帖，内容一定要结合时事热点，比如一些时事新闻或者娱乐八卦等，这样做的好处是吸引更多读者的注意力，激起好奇心，吸引更多的点击率，提高帖子的关注度。

（4）标题关键词设置要全面精准

标题关键词越多，被搜到的可能性就越大。

（5）记得及时回复以顶帖

贴吧帖子的排名规则是每被评论或回复一次，帖子的排名就会上升至贴吧首页第一名，这也导致了帖子的排名时刻在变化。所以，我们每隔一段时间就要回复一次帖子，把帖子排名顶上去，这样才能使自己的帖子获得最大的曝光度和关注度，吸引更多的流量点击。

图 4-54 所示为营销人员在自己的帖子中留下的微信号信息。

图 4-54　百度贴吧引流

4. 百度经验

百度经验是一个实用生活指南的互联网平台，它可以解决现实生活中遇到的大部分问题。百度经验引流需要注意以下几个问题，如图 4-55 所示。

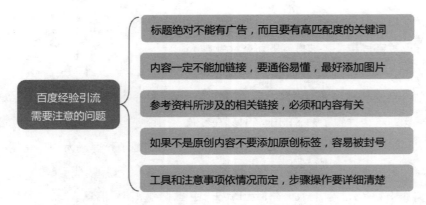

图 4-55　百度经验引流需要注意的问题

由于百度经验中不能直接打广告，所以很多网络营销者就在自己的账号昵称中加入个人微信号的信息，如图 4-56 所示。

图 4-56　百度经验引流

4.6.12　利用水印，图片引流

图片水印引流的方法是一种利用能够实现链接或易查询的水印，如二维码、微信公众号，从而实现引流目的的方法，如图 4-57 所示。

图 4-57　图片加水印

图片加水印引流法是有利于百度搜索引擎收录的，因而具有极大的优势。那么，这种方法应该如何进行操作呢？其实非常简单，如图 4-58 所示。

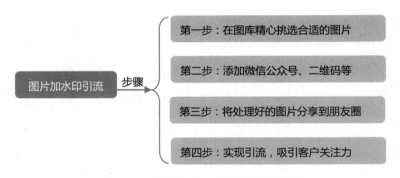

图 4-58　图片加水印引流的操作步骤

4.6.13　H5 页面，吸引转发

H5 已经成为微信平台的引流新利器，很多企业会通过 H5 技术制作一些小游戏来吸引用户，最早的比较吸引人的 H5 小游戏要属《围住神经猫》了，这款游戏在朋友圈里引起了疯狂转载和讨论。

对于微信运营者来说，H5 的最大优点就是可以通过在线更新和不断优化，带来更多的广告展示、流量转化等多项 KPI（Key Performance Indicator，关键绩效指标）数值的增长。例如，我们可以在微信上看到很多不错的 H5 小程序活动，或者是其他好友主动分享给你的 H5 页面，好友之所以愿意分享，说明这些 H5 程序有价值，它们是做得比较成功的。

第 5 章

抖音快手，流量巨大

随着社交短视频的兴起和火热，越来越多的人入驻这些短视频平台，其中最典型的代表就是抖音和快手。现在的人不是刷抖音就是刷快手，作为短视频平台的两大巨头，其用户流量是非常巨大的，所以我们要把这部分的流量引导到自己的私域流量池中，获得更多的流量转化。

5.1 抖音引流，效果翻倍

抖音短视频社交已经是一个新的潮流，影响力越来越大，用户也越来越多。对于抖音这个聚集大量流量的地方，私域流量运营者们怎么可能会放弃这个好的流量池。本节将介绍通过抖音短视频引流的技巧，让你的引流效果倍增，每天都能够轻松引流吸粉 1 000+！

5.1.1 原创视频，更多推荐

有短视频制作能力的运营者，原创引流是最好的选择。运营者可以把制作好的原创短视频发布到抖音平台，同时在账号资料部分进行引流，如昵称、个人简介等地方，都可以留下微信等联系方式。

抖音上的年轻用户偏爱热门和创意有趣的内容，在抖音官方介绍中，抖音鼓励的视频是：场景、画面清晰；记录自己的日常生活，内容健康向上，多人类、剧情类、才艺类、心得分享、搞笑等多样化内容，不拘泥于一个风格。运营者在制作原创短视频内容时，可以记住这些原则，让作品获得更多的推荐。

5.1.2 评论回复，谈话技巧引流

抖音短视频的评论区基本上都是抖音的精准用户，而且都是活跃用户。运营者可以先编辑好一些引流谈话技巧，谈话技巧中带有微信等联系方式。在自己发布的视频的评论区回复其他人的评论，评论的内容直接复制粘贴引流谈话技巧。

1. 评论热门作品

精准粉丝引流主要通过关注同行业或同领域的相关账号，评论他们的热门作品，并在评论中打广告，给自己的账号或者产品引流。例如，卖女性产品的运营

者可以多关注一些护肤、美容等相关账号，因为关注这些账号的粉丝大多是女性群体。

运营者可以到网红大咖或者同行发布的短视频评论区进行评论，评论的内容直接复制粘贴引流谈话技巧。评论热门作品引流主要有两种方法，如图5-1所示。

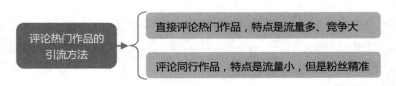

图 5-1　评论热门作品的引流方法

例如，做减肥产品的运营者，可以在抖音搜索减肥类的关键词，即可找到很多同行的热门作品。运营者可以将这两种方法结合起来做，同时注意评论的频率。还有评论的内容不可以千篇一律，不能带有敏感词。

在抖音评论区引流有两种情况，一种是在给粉丝的回复中进行引流，如图5-2所示；另一种是去别人作品的评论区进行引流，如图5-3所示。

图 5-2　利用给粉丝的回复进行引流　　图 5-3　在别人的作品评论区引流

2. 抖音评论软件

网络上有很多专业的抖音评论引流软件，可以多个账号 24 小时同时工作，源源不断地帮运营者进行引流。运营者只要把编辑好的引流谈话技巧填写到软件中，然后打开开关，软件就能自动不停地在抖音的评论区评论，为运营者带来大量流量。

需要注意的是，仅仅通过软件自动评论引流的方式还不是很完美，运营者还需要对抖音运营多用点心，这样吸引来的粉丝黏性会更高，流量也更加精准。

5.1.3 抖音矩阵，批量运营

抖音矩阵是指通过同时运营不同的账号来打造一个稳定的粉丝流量池。道理很简单，1 个抖音号是运营，10 个抖音号也是运营，批量运营可以为你带来更多收益。打造抖音矩阵需要团队的支持，才能保证多账号矩阵的顺利运营。

抖音矩阵的好处很多，首先可以全方位地展现品牌特点，扩大影响力；而且还可以形成链式传播来进行内部引流，大幅度提升粉丝数量。例如，抖音上很火的城市西安，就是在抖音矩阵的帮助下成功的。据悉，西安已经有 70 多个政府机构开通了官方抖音号，这些账号通过互推合作引流，同时搭配 KOL 引流策略，让西安成为"网红"城市。西安通过打造抖音矩阵大幅度提升了城市形象，同时给旅游行业引流。当然，不同抖音号的角色定位也有很大的差别。

抖音矩阵可以最大限度地降低单账号运营的风险，这和投资理财强调的"不把鸡蛋放在同一个篮子里"的道理是一样的。多账号一起运营，无论是在做活动还是在引流吸粉都可以取得很好的效果。但是，在建立抖音矩阵时还有很多需要注意的事项，如图 5-4 所示。

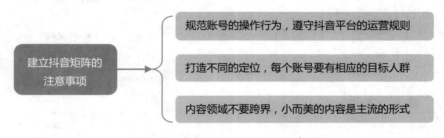

图 5-4　建立抖音矩阵的注意事项

这里再次强调抖音矩阵的账号定位，这一点非常重要，每个账号角色的定位不能过高或者过低，更不能错位，既要保证主账号的发展，也要让子账号能够得到很好的成长。例如，小米公司的抖音主账号为"小米公司"，粉丝数量达到了297.4 万，其定位主要是产品宣传，子账号包括"小米手机""小米智能生活""小米 MIUI""小米有品"以及"小米电视"等，分管不同领域的短视频内容推广引流，如图 5-5 所示。

图 5-5　小米公司的抖音矩阵

5.1.4　抖音私信，消息引流

抖音支持"私信"功能，一些粉丝可能会通过该功能给运营者发私信，运营者可以利用私信回复进行引流，如图 5-6 所示。

图 5-6　利用抖音私信引流

5.2　微信导流，6 种方法

当运营者通过注册抖音号，拍摄短视频内容在抖音短视频平台上获得大量粉丝后，接下来就可以把这些粉丝导入微信，通过微信来引流，将抖音流量沉淀到自己的私域流量池，获取源源不断的精准流量，降低流量的获取成本，实现粉丝效益的最大化。运营者都希望自己能够长期获得精准的私域流量，这需要不断积累，将短视频吸引的粉丝导流到微信平台上，把这些精准的用户圈养在自己的流量池中，并通过不断的导流和转化，更好地实现转化获利。

这里再次强调，抖音增粉或者微信引流，首先必须把内容做好，通过内容运营来不断巩固你的个人 IP。只有好的内容才能吸引粉丝，他们才愿意去转发分享，长此以往，你的私域流量池中的"水"就会越来越多。

5.2.1　账号简介，展示微信

抖音的账号简介通常简单明了，一句话解决，主要原则是描述账号 + 引导关注，基本设置技巧如下：前半句描述账号特点或功能，后半句引导关注微信；账号简介可以用多行文字，但不建议直接引导加微信等。

在账号简介中展示微信号是目前最常用的导流方法，而且修改起来也非常方便快捷。但需要注意，不要在其中直接标注"微信"，可以用拼音简写、同音字或其他相关符号来代替。运营者的原创短视频的播放量越多，曝光率越大，引流的效果也就会更好，如图 5-7 所示。

图 5-7　在抖音账号简介展示微信号

5.2.2　账号名字，加入微信

在账号名字里加入微信号是抖音早期常用的导流方法，但由于今日头条和腾讯之间的竞争非常激烈，抖音对于名称中的微信审核也非常严格，因此运营者在使用该方法时需要非常谨慎。

同时，抖音的名字需要有特点，而且最好和定位相关。抖音名字设定的基本技巧如图 5-8 所示。

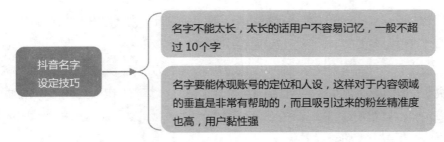

图 5-8　抖音名字设定的技巧

虽然现在的运营者不会直接在抖音名字中写上微信号，但还是可以在名字中备注引导加微信的信息，如图 5-9 所示。

图 5-9　在名字中备注引导加微信

在图 5-9 这个抖音账号中，虽然在名字中没有直接写明微信号，但是向意向人群说明了请加微信的意图，用户看到之后自然会寻找该运营者的微信联系方式，这同样起到了引流的效果。

5.2.3　视频内容，露出微信

在短视频内容中露出微信的主要方式有运营者自己说出来（加上字幕），也可以通过背景展现出来，或者打上带有微信号的水印。只要这个视频能火爆，其中的微信号也会随之得到大量的曝光。例如，某个护肤内容的短视频，通过图文内容介绍了一些护肤技巧，最后展现运营者自己的微信号来引流。

需要注意的是，最好不要直接在视频上添加水印，这样做不仅影响粉丝的观看体验，而且不能通过审核，甚至会被系统封号。

5.2.4 把抖音号，同步微信

抖音号跟微信号一样，是其他人能够快速找到你的一串独有的字符，位于名字的下方。运营者可以将自己的抖音号直接修改为微信号。但是，抖音号每 30 天才能修改一次，一旦审核通过短时间内就不能再修改了。所以，运营者在修改前一定要想好，这个微信号是否是你最常用的那一个。

不过，这种方法有一个非常明显的弊端，那就是运营者的微信号可能会遇到好友上限的情况，这样就无法通过抖音号进行导流了。因此，建议运营者可以将抖音号设置为公众号，这样可以有效避免这个问题。

图 5-10 所示为抖音号和微信号同步的案例示范。

图 5-10　抖音号与微信号同步

5.2.5 背景图片，包含微信

背景图片的展示面积比较大，容易被人看到，因此把含有联系方式或引流信息的图片作为账号主页背景的引流效果也非常明显，如图 5-11 所示。

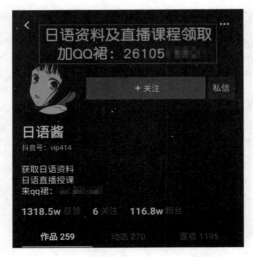

图 5-11　把含有联系方式的图片作为背景

所以，运营者也可以依样画葫芦，将微信号放入图片中，然后作为抖音账号主页的背景图片，把抖音流量引流到微信中去。

5.2.6　个人头像，放入微信

抖音号的头像都是图片，在其中放入微信号，系统也不容易识别，但头像的展示面积比较小，需要粉丝点击放大后才能看清楚，因此导流效果一般。另外，有微信号的头像也需要运营者提前用修图软件做好。

需要注意的是，抖音对于含有微信的个人头像管控得非常严格，所以运营者一定要谨慎使用。抖音号的头像也需要有特点，必须展现自己最美的一面，或者展现企业的良好形象。

运营者可以进入"编辑资料"界面，点击更换头像即可修改。头像选择有两种方式，分别是从相册选择和拍照。另外，在"我"界面点击头像，不仅可以查看头像的大图，还可以对头像进行编辑操作。头像设定的技巧如图 5-12所示。

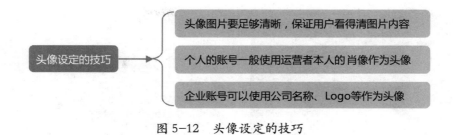

图 5-12　头像设定的技巧

5.3　快手账号，引流技巧

快手和抖音是短视频平台的两大巨头，其平台特色、用户人群各不相同，这就说明了它们的流量重叠性不会很大。所以，我们不仅要把抖音上的流量引流到私域流量池中，还要把快手平台上的流量也给利用起来。下面笔者讲解快手私域流量的引流技巧，帮助运营者获得更多的私域流量。

5.3.1　通过视频，封面引流

用户在快手观看短视频时，除了"发现"页的视频可以直接观看以外，其他地方的视频，比如同城、关注页面的视频都需要先点击视频封面才能播放，如图 5-13 所示。不仅如此，用户在进入某个快手号主页查看其作品时，看到的也是视频的封面。大多数快手用户在浏览视频时都是根据视频封面来决定是否查看视频，也就是说，用户第一眼看到的是视频的封面而非视频的内容。所以，我们可以在视频封面图片上放入联系方式来引流，这样用户不仅能在第一时间看到，而且封面足够吸引人的话还能获得更多人的关注。

图 5-13　快手的同城和关注页面展示

在这种情况下，如果你的视频封面对快手用户的吸引力比较强，那么用户自然愿意点击观看。因此，视频封面越有吸引力其引流能力就越强。要想让自己的视频封面更有吸引力应该做好以下两个方面的工作，如图 5-14 所示。

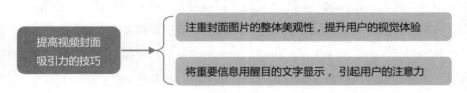

图 5-14　提高视频封面吸引力的技巧

5.3.2　作品推广，更多推荐

快手短视频发布之后，快手运营者可以通过快手的"作品推广"功能为视频进行引流。所谓作品推广，实际上就是通过向快手官方支付一定金额的方式，让快手平台将你的短视频推送给更多快手用户。那么，快手"作品推广"功能如何使用呢？接下来笔者就来介绍具体的操作步骤。

步骤 01 登录快手短视频 App，点击"发现"界面左上方的 ☰ 按钮，操作完成后，弹出快手菜单栏。点击菜单栏中的账号头像，进入快手个人主页界面，选择需要进行"作品推广"的短视频，如图 5-15 所示。

步骤 02 进入短视频播放界面，❶ 点击视频播放界面中的 ⊙ 按钮；❷ 在弹出的列表框中选择"作品推广"选项，如图 5-16 所示。

图 5-15 快手个人主页　　　　　　图 5-16 选择"作品推广"选项

步骤 03 进入"作品推广"界面，快手运营者可以根据推广目的，在"把作品推广给更多人"和"推广给粉丝"之间进行选择，如图 5-17 所示。

步骤 04 以"把作品推广给更多人"为例，只需点击"作品推广"界面中的"把作品推广给更多人"按钮，即可进入"推广给更多人"界面，如图 5-18 所示。

图 5-17　"作品推广"界面　　　　图 5-18　"推广给更多人"界面

在该界面中，快手运营者可以对期望增加的数据、投放人群、投放时长、投放页面和投放金额等内容进行选择。选择完成后，只需支付相应的快币，便可完成作品推广的投放设置。

虽然这种引流的方式需要付出一定的成本，但相应的能得到平台更多的推荐，获得更多的曝光量，带来更多的粉丝和流量。这时，只要在视频中加入联系方式或引流信息就可以同时把流量引导到私域流量池中，可谓一举两得。

5.3.3　直播引流，内容形式

在互联网商业时代，流量是所有商业项目生存的根本，谁可以用更短的时间获得更多更精准的流量，谁就有更多的转化获利机会。而快手直播就能够达到在短期内获得大量流量的目的。因此，许多快手运营者都会选择通过开直播来进行引流。

对于一般人而言，在通过快手直播引流时可以采用"无人物出镜"的内容形式。虽然，这种方式粉丝增长速度比较慢，但我们可以通过账号矩阵的方式来弥补，以量取胜。下面介绍"无人物出镜"直播的几种内容形式。

1. 真实场景 + 字幕说明

发布的短视频可以通过真实场景演示和字幕说明相结合的形式，将自己的观点全面地表达出来，这种直播方式不需要主播本人出镜，同时又能够将内容完全展示出来，非常接地气，自然能够得到大家的关注和点赞。

2. 游戏场景 + 主播语音

大多数用户看游戏直播关注的重点还是游戏画面。主播之所以能够吸引用户观看游戏直播，除了本身过人的操作之外，语言表达能力也很关键。因此，游戏场景 + 主播语音是许多主播的重要直播形式。图 5-19 所示为快手的游戏直播。

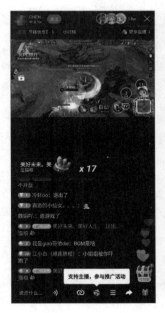

图 5-19　游戏场景 + 主播语音的直播形式

3. 图片 + 字幕（配音）

如果直播的内容都是一些技能讲解和专业知识，那么快手运营者可以选择采用（图片 + 字幕或配音）的形式进行内容展示。

在直播的过程中，主播就可以引导粉丝或受众加其 QQ 或者微信联系方式，将直播间的流量引导到自己的私域流量池。

5.3.4　快手引流，7种技巧

和抖音一样，快手也可以通过在各个地方留下个人微信号等联系方式将平台上的流量引流至个人私域流量池，而且方法都是大同小异，笔者接下来介绍快手平台私域流量引流的几种常用的技巧，具体内容如下。

1. 通过视频内容引流

在这个内容为王的时代，内容的优质程度往往决定了你视频的播放量，也就是能给你带来多少的粉丝和流量。所以，如果运营者拥有生产原创优质内容的能力，那么就可以通过优质的原创内容吸引更多流量观看，同时在视频内容里留下微信号或者公众号等引流信息，将吸引过来的流量进一步引导至私域流量池。

2. 通过回复评论引流

通过回复粉丝评论来引流是营销者在各个平台上经常用到的营销手段之一，这样做的好处就是使引流操作看起来非常自然，且不容易被系统检测到你在打广告，安全性比较高。

图5-20所示为快手号"手机摄影构图大全"在评论中引导粉丝加微信好友，为自己私域流量池引流。

图 5-20　利用回复评论引流

3. 通过私信消息引流

除了评论引流之外，在快手平台上运营者还可以通过给用户发私信消息进行引流，如图 5-21 所示。

图 5-21　利用私信消息引流

4. 通过账号简介引流

如果需要在快手平台上打广告进行营销推广，那么账号主页的资料简介便是一个非常不错的广告展示位，运营者可以将个人微信号等联系方式留在资料简介中，以便意向人群随时联系，如图 5-22 所示。

图 5-22　利用快手账号简介引流

5．通过账号昵称引流

我们可以在快手个人资料中通过编辑账号昵称，把联系方式加进去，来达到引流的目的，如图 5-23 所示。

图 5-23　通过账号昵称引流

6．通过设置快手号引流

不仅微信可以通过搜索微信号来添加好友，而且抖音号和快手号一样具有搜索添加功能。所以，快手运营者可以将自己的快手号设置成微信号，并在资料简介中加以说明，这样无形之中就起到了很好的引流作用和效果，如图 5-24 所示。

图 5-24　通过设置快手号引流

7．通过账号头像引流

快手引流的最后一种方式就是利用头像图片来引流，在头像图片中加入联系方式或引流信息让用户一眼就能够明白你是在引流推广。这要求头像图片像素足够高，才能使用户看清楚图片所包含的信息内容。但这种引流技巧也会导致头像不美观，引起部分用户的反感。

第6章

私域流量，运营技巧

　　前面介绍了私域流量池的搭建，以及将主流平台流量引流至 QQ 或微信私域流量池的方法。接下来，我们要做的就是经营好私域流量池中的用户，并进行转化，完成交易，实现获利。本章主要讲述运营私域流量的一些方法和注意事项，帮助大家做好私域流量池的运营。

6.1　个人微信，运营方法

个人微信号是我们打造私域流量池的主要场所之一，现在基本上每个人都有一个或多个私人微信号，微信已经成为互联网上沟通和交流的主要方式之一。所以，我们在运营私域流量时，尤其要重视个人微信的运营方法，例如微信号的装饰、微信的聊天技巧、成交注意事项以及微信账号的安全问题等。下面笔者就从这些方面教大家运营微信的方法。

6.1.1　个人微信，装饰技巧

我们在微信中运营私域流量之前，首先要对自己的个人微信号进行一番"装饰"，才能让吸引过来的客户对我们有一个初步的印象和了解，才能更好地与客户建立信任关系。微信的"装饰"包括微信昵称、头像、个性签名、地区、微信号、朋友圈相册封面等，下面笔者逐一讲解。

1. 微信昵称

我们在刚注册微信时，系统都会要求你设置一个微信昵称，微信昵称就相当于一个人的名字，是为了方便别人更好地记住你。所以，我们在设置微信昵称时要清楚地告诉别人你是谁、是做什么的，这样才能给自己一个精准的定位，有利于打造个人 IP 和独特品牌。

那么，对于微信运营者来说，一个合格的微信昵称设置都有哪些要求呢？下面是微信昵称设置的要求，如图 6-1 所示。

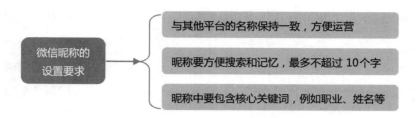

图 6-1　微信昵称的设置要求

知道了微信昵称设置的规范和要求之后，我们再来看有哪些微信昵称是不合格的，主要有以下 4 种类型。

（1）以字母 A 开头：这样虽然能提升你在好友列表里面的排名，但是也暴露了你的账号属于纯营销推广的目的和性质，容易引起微信好友的反感。

（2）用成语或意境词语：虽然第一眼看上去给人一种含义深刻、格调很高的感觉，但是并不能起到营销的作用，即别人不知道你是干什么的。

（3）不知所云的昵称：所谓不知所云的昵称是指用生僻冷门的字眼和词语来作为微信昵称，这种昵称受众一看完全不知道在表达什么意思。

（4）单字或英文单词的昵称：这种昵称同样让人看不懂他想表达的意思是什么，因为我们通用的语言是汉语，受众群体会英语的只是少数，这样的昵称没有实际意义。

接下来，我们一起来看两个规范合格的微信昵称案例示范，如图 6-2 所示。

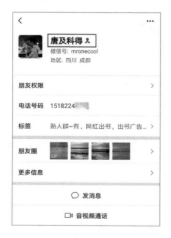

图 6-2　合格的微信昵称案例示范

上述案例中，"唐及科得"是用他自己本人的笔名作为微信昵称的，和他的公众号名字、微博名称、知乎昵称保持同步，他是一位摄影师，同时也是一位旅游自媒体作者；而右边图片中的运营者则是以自己所擅长的技能或取得的成就作为微信昵称的，受众一看到"成交高手孵化专家"就知道他是专门做营销转化培训的专家。

2. 微信头像

一个好的微信头像能够让受众眼前一亮，吸引受众的眼球和注意力。所以，对于微信运营者来说，设计一个与众不同、充满特色的个人头像也是必不可少的，微信头像图片的选择也有一定的要求和规范，如图 6-3 所示。

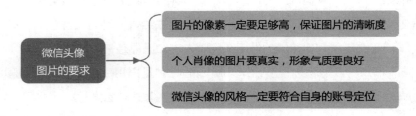

图 6-3　微信头像图片的要求

下面我们一起来看两个比较不错的微信头像案例示范，如图 6-4 所示。

图 6-4　微信头像案例示范

从案例中我们可以看出，两位运营者都是采用自己的肖像照片来作为微信头像的，这种微信头像具有较高的真实感，容易获得受众的信任和好感，再加上运营者本身气质形象颇佳，能够为自己的微信账号增加不少印象分。

3. 微信号

微信号是个人微信号的 ID，相当于一个人的身份证，具有唯一性（在设置微信号时，已被占用的微信号不可设置）。以前，微信账号只能修改 1 次，如今在最新的微信版本中，微信号可以一年修改 1 次了，修改微信号需要满足两个条件，如图 6-5 所示。

图 6-5　修改微信号时需要满足的条件

微信号是他人添加我们微信好友的方式之一，所以我们在设置微信号时，要注意以下几点事项，如图 6-6 所示。

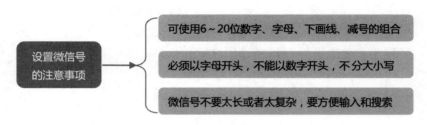

图 6-6　设置微信号的注意事项

微信号可以设置成汉字的全拼或者有规律的组合，这样有利于受众添加好友时的输入操作。图 6-7 所示为"理财俱乐部"全拼的微信号。

图 6-7　"理财俱乐部"全拼的微信号

4. 个性签名

个性签名是微信个人号里展示自己、介绍自己的重要区域，在受众添加你时，独特的个性签名可以激发受众对你的兴趣和好奇心。所以，微信运营者要充分利用个性签名来进行首次营销。那么，在编写个性签名时，我们又该注意哪些问题呢？下面进行相关分析，如图 6-8 所示。

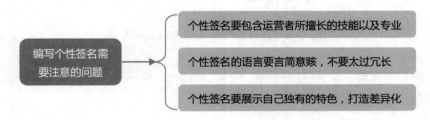

图 6-8　编写个性签名需要注意的问题

下面，我们就来看两个比较吸引人的个性签名案例，如图 6-9 所示。

图 6-9　个性签名案例示范

5. 所在地区

在编辑微信个人信息时，很多人喜欢把地区设置为一些外国特定的地方，比如安道尔、巴巴多斯岛、百慕大、巴拿马等。如果是一般人这样设置，倒也无可厚非，但是身为微信私域流量运营者，最好不要这样做，因为受众会根据你所在的地区信息来判断你这个人是否真实可靠，假如你所填写的地区连你自己都没去过，或者你不在那个地方常住，那么会给别人造成一种虚假和不靠谱的感觉，这样你就很难取得对方的信任。所以，关于地区的信息还是以实际情况来填写会比较好。

例如，下面案例中的某人，因为他长期居住在长沙，所以他的微信个人信息的地区就设置为湖南长沙，如图 6-10 所示。

图 6-10　地区填写示范

当然，也有一种情况例外，就是运营者是做海外产品代购的，这种情况下需要将地区设置为海外地区，以证明产品的原产地。

6. 相册封面

朋友圈的相册封面是朋友圈营销绝佳的广告位，因为朋友圈相册封面的区域面积足够大，受众进入你朋友圈查看时，一眼就能够看到。所以，我们要充分利用相册封面的广告属性，把重要的营销信息放到相册封面中，用来进行产品推广、个人IP打造、品牌宣传等。

接下来，就给大家看两个朋友圈相册封面营销的案例，如图6-11所示。

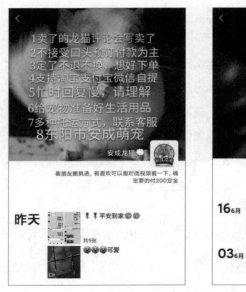

图6-11　朋友圈相册封面营销案例

在图6-11两个案例中，左边案例的相册封面图片加入了文字描述，这样就方便客户事先了解产品购买的注意事项；而右边的相册封面图片中，虽然没有添加文字说明，只有一张产品展示的图片，但是无言胜似有言，结合该运营者的微信昵称、个性签名以及朋友圈的内容，便可以知道该运营者是销售腊肉等美食的。而且，相信不论是谁看到她的朋友圈相册封面之后，都会被美食图片所吸引，从而产生想要品尝美食的欲望，也就达到了营销的目的和效果。

6.1.2　好友分组，有效管理

当微信私域流量池中的好友人数越来越多时，我们就要通过一些方法对微信中的好友进行分类管理，这样做的好处就是可以针对不同类型的客户进行不同的营销策略，提高私域流量的转化率和运营的效率，实现收益的最大化。

那么，我们该如何对微信好友进行分类和有效管理呢？笔者根据自身的实践和经验，总结了几种好友分类的方法供大家参考，具体内容如下。

1. 备注分组

所谓备注分组法是指给有共同特征的微信好友在备注信息时加上同一个前缀词，这个前缀词可以是地区名称、班级、公司或部门名字等。因为微信好友是根据 26 个英文字母的顺序来进行排列的，通过这样的设置，就可以把那些拥有相同特点的好友排列在一起，从而达到好友分类的效果，如图 6-12 所示。

图 6-12　备注分组法

2．标签分组

我们还可以通过设置标签来对好友进行分类，具体操作方法如下。

步骤01 进入微信，在通讯录页面点击"标签"按钮，如图6-13所示。

步骤02 进入"所有标签"页面，点击右上角的"新建"按钮，如图6-14所示。

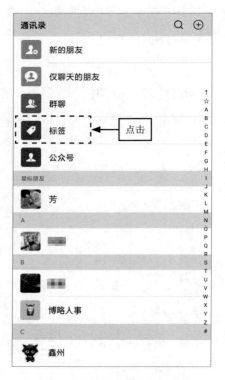

图6-13　点击"标签"按钮　　　　图6-14　点击"新建"按钮

步骤03 进入"选择联系人"界面，从已有的好友联系人中选择微信好友，❶ 在联系人头像最左边的圆圈中点击勾选即可选中，如图6-15所示；❷ 选择完成之后，点击右上角的"确定"按钮。

步骤04 此时，会自动跳转到"保存为标签"界面，❶ 在"标签名字"栏中输入标签关键词，如图6-16所示；❷ 最后点击右上角的"保存"按钮，即可完成好友标签分组的设置。

图 6-15 选择联系人

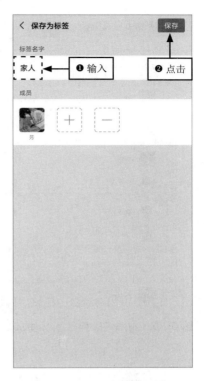

图 6-16 输入标签名字

当然，还可以从微信群里面导入联系人，具体的操作步骤如下。

步骤 01 在"选择联系人"界面中，点击"从群里导入"按钮，即可跳转到"选择群聊"界面，如图 6-17 所示。

步骤 02 在"选择群聊"界面中，选择其中一个微信群，即可跳转到"保存为标签"界面，如图 6-18 所示。

步骤 03 在"保存为标签"界面中，会显示群聊中已添加的好友成员，❶ 输入标签名字；❷ 点击右上角的"保存"按钮即可，如图 6-19 所示。

步骤 04 之后会自动跳转到"所有标签"界面，点击已保存的标签分组，进入"编辑标签"界面，点击 + 或 − 按钮可以继续添加或删除成员，如图 6-20 所示。

图 6-17 点击"从群里导入"按钮

图 6-18 选择一个微信群

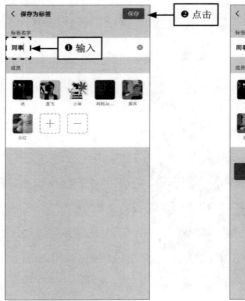

图 6-19 保存为标签

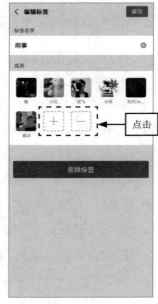

图 6-20 编辑标签

3. 置顶聊天

对于特别重要或者经常互动、联系的客户和好友，微信运营者可以利用微信置顶聊天的功能将消息界面中他（她）的对话框置顶，这样不管有多少微信消息，他（她）的对话框都会永远排在置顶的位置，如图 6-21 所示。

图 6-21 微信置顶聊天

4. 微信强提醒

除了置顶聊天以外，微信还有一个"强提醒"功能，这个功能类似于闹钟，对微信好友设置了"强提醒"之后，将全屏提醒未来 3 小时内他（她）发过来的第一条消息，如图 6-22 所示。

5. 星标朋友

设置星标朋友也可以进行好友分类，达到有效管理的作用。下面笔者教大家设置星标朋友的操作技巧，具体内容如下。

步骤 01 打开微信，在"通讯录"页面中，选择你要设为星标朋友的微信联系人并点击，如图 6-23 所示；进入到该微信好友的详细信息页面，点击右上角的 ⋯ 按钮，如图 6-24 所示。

图 6-22　微信强提醒

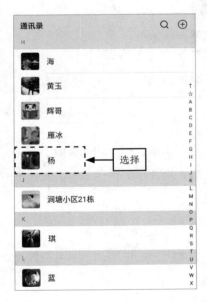

图 6-23　选择联系人

图 6-24　点击进入"资料设置"界面

步骤 02　进入"资料设置"界面，在"设为星标朋友"一栏最右侧点击开关，如

图 6-25 所示；返回好友的详细信息页面，这时就可以看到右上角多了一个黄色的五角星标识，如图 6-26 所示。

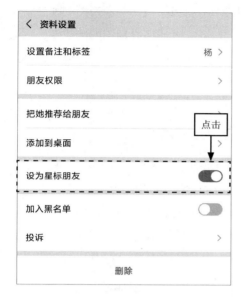

图 6-25　设为星标朋友

图 6-26　星标朋友标识

设为星标朋友后，可以在微信通讯录页面的星标朋友区域中，看到已设置的星标朋友，这样就可以方便运营者快速找到要联系的客户，如图 6-27 所示。

图 6-27　查看已设置的星标朋友

6.1.3　微信互动，沟通技巧

介绍完微信的"装饰"技巧之后，接下来笔者讲解在微信上如何与好友或客户更好地进行互动和沟通的技巧。要想实现私域流量的转化，最关键的部分就是与客户沟通交流的过程，只有掌握了互动的技巧，才能提高用户的转化率，达成产品交易。本章主要从自我介绍和微信聊天注意事项两个方面，讲述微信互动的沟通技巧，从而帮助大家快速获得客户的信任和好感。

1. 自我介绍技巧

当客户同意了我们的好友申请，或者我们通过了别人的好友验证时，第一件事情就是马上和对方打招呼，做自我介绍。自我介绍不仅是一个展示自我的绝佳机会，也是让对方快速了解你、建立初步印象的过程。

做自我介绍是社交活动的必备技能，每当我们认识新朋友时，总是要向对方说明自己的姓名、年龄、家乡、职业、兴趣爱好等，不仅如此，自我介绍也是求职面试的必要环节。

在人际交往的过程中，自我介绍其实是一种快速筛选目标对象的手段，双方根据自我介绍的内容，来判断对方与自己的相似匹配程度，从而实现高效率的社交。自我介绍的好处和作用是非常大的，精彩出色的自我介绍能赢得别人的好感，快速地和别人建立关系，给人留下良好的第一印象等。

所以，运营者要高度重视自我介绍的重要性，它关系到和客户进一步地深入了解，甚至是后面的转化成交。自我介绍的内容应该包含以下 3 个方面的要素，如图 6-28 所示。

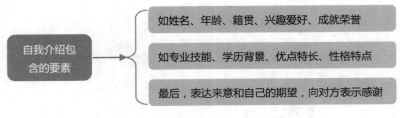

图 6-28　自我介绍包含的要素

自我介绍的运用场合主要包括以下 5 个方面，如图 6-29 所示。

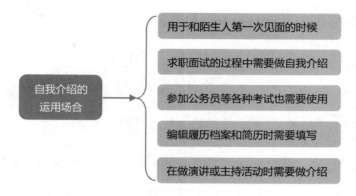

图 6-29　自我介绍的运用场合

自我介绍的表现形式分为以下几种，如图 6-30 所示。

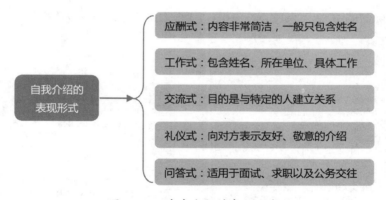

图 6-30　自我介绍的表现形式

自我介绍的目的一共有以下 3 种类型，如图 6-31 所示。

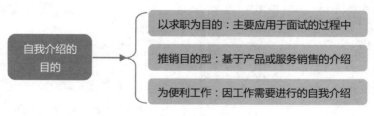

图 6-31　自我介绍的 3 种目的

在与对方成为微信好友后，运营者该如何编辑自我介绍的技巧才能给客户留下良好的印象呢？笔者根据自己的实践经验，总结了以下 3 个要点，如图 6-32 所示。

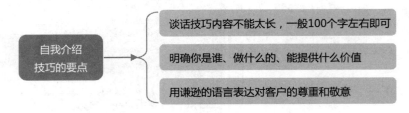

图 6-32　自我介绍谈话技巧的要点

我们在和不同的受众做自我介绍时，要多积累经验，不断优化自己的说话技巧模板，根据不同的受众类型制定不同的说话技巧，然后备份到微信收藏的笔记里，以便随时调用。接下来，给大家看两个优秀的自我介绍说话技巧案例，如图 6-33 所示。

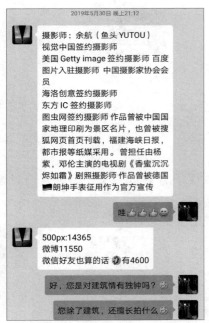

图 6-33　自我介绍说话技巧案例

2. 微信互动注意事项

我们在微信上与客户互动交流时需要把握分寸，这样才能增进彼此之间的感情，为产品的成交与转化打下基础。接下来，笔者将从 4 个方面来讲解微信好友互动的注意事项，避免这些不该犯的错误，具体内容如下。

（1）尽量不要群发消息

在和客户聊天时，尽量不要群发消息，虽然群发可以省时省力，提高沟通效率。但有时候，客户能够看得出来你这条信息是群发的，这样会让他觉得你很没有诚意，觉得你是在敷衍了事，不够重视他，而且群发的消息内容针对性不强，回复率很低。所以，我们一定要认真、用心地对待客户，这样才能赢得对方的信任。

（2）不要频繁地发硬广告

在和客户成为微信好友之后，我们首先要做的是取得对方的信任，而不是一味地发广告对其进行营销。在笔者看来，只有建立在高度信任的基础之上，才能实现产品的成交。古语有云：攻城为下，攻心为上。诸葛亮七擒孟获便是一个最好的例子，要想实现流量转化，首先要赢得客户的信赖。所以，在没有让客户信任你之前，千万不能随便发硬广告或者其他垃圾信息去骚扰客户，否则将会导致客户的反感，甚至会把你删除拉黑，那就得不偿失了。

（3）朋友圈评论点赞要适度

在微信朋友圈和好友进行互动，交流感情时，运营者要注意的是，不要对方发什么内容你都去点赞或者评论。如果他发的是积极正面、乐观向上，充满正能量的内容，你点赞或评论倒也无可厚非，但如果他心情不好，发一些负面消极内容时，你还去点赞和评论吗？如果这样做，人家会觉得你是故意在看他笑话，是在嘲讽他，这就纯属"躺着也中枪了"。因为人在负能量"爆棚"时，内心的黑暗面被无限放大，是没有多少理性去思考问题的。所以，在朋友圈点赞或评论好友的动态之前，要分清楚情况。

（4）红包、福利的使用技巧

当我们在微信上寻求客户或好友帮助以及遇到节假日进行问候祝福时，可以发一些红包来表示感谢，这样做能极大地提升客户对你的好感度。也可以在朋友圈经常搞一些送红包、福利的活动，以提高客户参与的积极性。

6.1.4　微信成交，重要原则

我们在做微信私域流量运营时，要注重长远的利益关系，把客户当作朋友，而不是视客户为"韭菜"，私域流量运营是一个长期经营客户关系的过程，它绝不是用来单纯地收割客户。私域流量运营的核心是维护客户关系，而取得信任是维护关系的开始，服务质量则是维护关系的关键。

微信运营者要想完成交易、实现转化，就要与客户多进行沟通交流以及情感互动，站在客户的角度去思考问题，解决客户的疑惑和难题，做好一对一的服务。这一点笔者深有体会，有 70% 的网络营销都是靠不断地与客户进行交流互动，从而将其转化为付费用户的。

微信私域流量转化的一个很重要的组成部分就是朋友圈的营销文案，在撰写朋友圈营销文案时，不仅要讲究文案的写作技巧，更重要的是文案内容要真实可靠，千万不能做虚假宣传。因为我们追求的是长期经营客户，实现获取客户价值和收益的最大化，而不是一锤子买卖。

综上所述，在进行微信私域流量变时，一个非常重要的原则就是放眼未来，一次性交易所能获得的用户价值和利益非常小，只有长期经营客户，才能源源不断地进行流量转化，获得更多的利润和收益。

6.1.5　微信运营，注意事项

对于企业微信的私域流量运营来说，打造 IP 可以用公司的 Logo 做微信头像，用公司品牌做微信昵称；而对于个人运营者而言，最好用自己本身的个性和特点来打造 IP 品牌或人设。

个人运营者的人设可以是成功人士、KOL（关键意见领袖）、人气网红等，总之要根据不同的账号定位去打造不同的 IP 或人设。私域流量池的搭建和运营以及 IP 品牌的建立和打造，其最终的目的都是为了转化用户，实现流量变现。

在与用户的每一次交流互动中，我们都会了解和接收到大量的用户反馈和信息，微信运营者需要将这些信息收集起来，整理成档案或者资料，这样有利于为用户提供更好的服务，解决用户的问题和痛点，不断优化运营策略。

这里笔者再次强调一下，要长期经营用户，因为用户并不是冷冰冰的流量，

而是一个个活生生的人。人是有感情的，是充满感性的，只有增进和用户的感情，
维护好彼此之间的关系，才能更容易地转化和转化。

6.1.6　微信安全，高度重视

微信发展至今，其平台规则和监管制度日趋完善，微信官方对账号的行为规
范也越来越严格。所以，如果运营者不重视个人微信账号的安全问题，使用外挂
等违规营销操作，那么一旦被永久封号，之前苦心经营起来的私域流量都将化为
乌有，到时候追悔莫及。

因此，对于私域流量运营者来说，没有绝对安全的私域流量池，如果说有，
就只有一个，那就是品牌，品牌是最稳定的私域流量池，用户和粉丝对于品牌和
IP 的黏性和忠诚度也是最高的。但现实是，品牌和 IP 不是一开始就有的，它需
要长期运营和传播才能形成。

一些运营者经常会使用微信外挂来帮助自己营销或运营，微信常见的外挂类
型主要有以下 3 种，如图 6-34 所示。

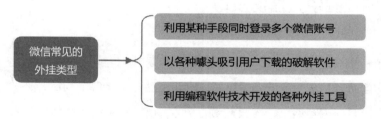

图 6-34　微信常见的外挂类型

对于微信运营者而言，使用微信外挂等第三方软件会有很大的安全风险，具
体有以下这些方面，如图 6-35 所示。

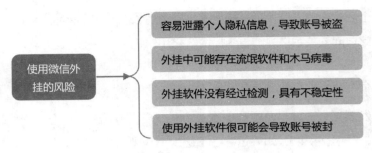

图 6-35　微信常见的外挂类型

所以，在私域流量池运营的过程中，运营者一定不要投机取巧，妄图使用微信外挂工具来走捷径，到最后账号被封或出现其他严重问题和后果时，就悔之晚矣。真正的私域流量运营是用心经营客户，而不是不择手段地急于求成，运营者要照顾用户的体验，遵守微信平台的规则，这样才能安全稳定的运营好私域流量池。

6.2　朋友圈中，营销技巧

在手机微信这个软件中，朋友圈模块一直是我们经常使用的功能之一，它是我们表达想法、分享生活的心灵寄托，刷朋友圈几乎是每个人每天必做的事情。由于朋友圈具有内容展示、沟通互动的功能，所以它就成了微信运营者必备的营销场所，通过在朋友圈发布广告文案来进行产品或服务的营销。

本节主要介绍提升微信朋友圈营销效率的方法，以及朋友圈营销的核心要点和规避误区，帮助大家更好地进行朋友圈营销。

6.2.1　效果提升，方法技巧

朋友圈营销的侧重点在于深度，而非广度，因为营销要使传播的信息深入人心才会有效果，如果仅仅只是让内容被人看到而没有产生影响，那根本就是徒劳无功，要想做到这一点，就必须输出对用户有价值的优质内容。

在微信朋友圈中进行营销时，我们所输出的内容一定要垂直，也就是说发布的朋友圈动态内容要始终紧紧围绕你的定位来创作，不能想发什么内容就发什么内容，也不能一会儿发娱乐，一会儿发情感，然后又发游戏，显得杂乱无章、毫无逻辑。另外，朋友圈的内容也不能完全发布和营销有关的信息，偶尔也要分享个人生活动态，这样会让受众觉得你更加真实，接地气。

朋友圈所发布的内容语言一定要通俗易懂，用白话文，这样才有利于受众理解和接受。如果你写的内容过于抽象深奥，甚至还用上了文言文，那么受众根本就看不懂你要表达的意思是什么，也就无法达到营销的预期效果。朋友圈的内容要朴实无华，切忌华而不实的形式主义，适当的口语化能增加受众的阅读体验。

运营者要想提升微信朋友圈营销的效果，可以从以下这些方面来入手，这些方法也是在做自媒体内容创作中经常用到的，如图 6-36 所示。

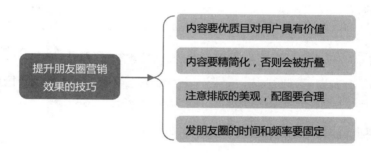

图 6-36　提升朋友圈营销效果的技巧

最后，笔者想跟大家说的一点就是，不管是做自媒体内容创作，还是朋友圈内容营销，都需要我们一如既往地坚持，这是一个比较漫长的过程，只有坚持不懈的努力，才能看到结果。所以，请坚持下去，终有一天将会迎来曙光。

6.2.2　营销核心，规避误区

笔者在前面的内容中提到过，在做朋友圈内容营销时，发布的内容一定要符合自身的定位，这样才能吸引到精准的用户，这是朋友圈营销的核心。

在这个大前提下，我们在进行微信朋友圈营销时，还需要注意以下 3 个关键要点，如图 6-37 所示，这样才能避免朋友圈营销的错误。

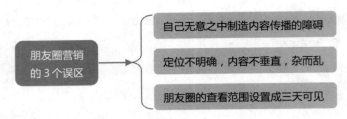

图 6-37　朋友圈营销的 3 个误区

营销和传播的要点在于传播的步骤、环节明确清晰，而且流程越简单越好，这样才能保证传播效率和营销效果的最大化。如果流程设置得很复杂，不仅会浪费不必要的时间，而且营销的效果也会大大衰减，事倍功半。

做内容创作或者内容营销，最忌讳的就是账号定位不明确、内容领域不垂直，这样的内容不仅平台不会给推荐，而且受众也不会感兴趣，这样要想做好微信朋友圈营销是不可能的。

身为一个微信营销者，既然要在朋友圈进行营销，就不应该把允许朋友查看朋友圈的范围设置成最近三天、最近一个月或最近半年可见。不仅要把查看范围设置成全部，还要允许陌生人查看十条朋友圈，如图 6-38 所示。这样才能使你的内容尽可能地被更多的人看到，使营销效果最大化。

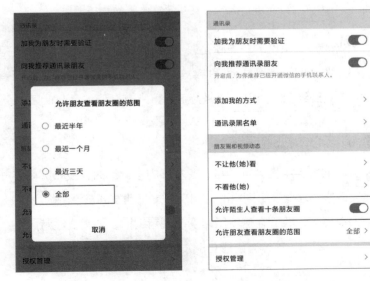

图 6-38　设置朋友圈的查看范围

对于微信朋友圈营销的人来说，把朋友圈设置成三天可见或直接把朋友权限设置成"仅聊天"，是一件很愚蠢的事情，如果这样做了，哪怕你的内容再好、再优质，也只能孤芳自赏，所谓的营销也就无从谈起。

6.3 微信社群，运营方法

在微信私域流量池的运营中，除了个人微信、朋友圈之外，微信社群也是微信私域流量运营的一个重要组成部分，微信群中的流量也是不容忽视的，做好微信社群的私域流量运营能为我们创造更多的利润和收益。

关于微信社群的运营过程主要分为 4 个阶段，如图 6-39 所示。

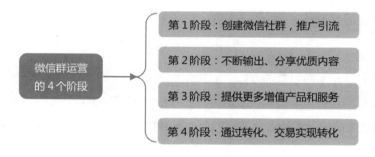

图 6-39　微信群运营的 4 个阶段

那么，运营者该如何做好微信群的私域流量运营呢？笔者认为，要想运营好微信社群，就必须做好以下 4 个方面的工作。

（1）设置入群门槛

当用户通过从各种途径加入微信群时，我们一定要设置入门的标准和门槛，可以设置入群的金额。为什么要这么做呢？这样能让用户觉得这个群有点东西在里面，加群对他能有所帮助，而且用户进群是付出了一定成本和代价的，并不是轻而易举就得到了，所以会更加重视和珍惜，用户黏性也比普通免费群要高。

（2）制定规则，维护秩序

俗话说："无规矩不成方圆"，要想运营好微信社群，就必须制定好一系列的群规来规范和约束群成员的行为，维护好社群内的日常秩序，这样才能保证社群顺利地运营和发展，有利于运营者更好地管理社群。

（3）持续提供有价值的内容

要想微信社群运营得更长久，运营者就必须具有创新思维，不断地为用户提供更多有价值的优质内容，更好的产品或服务，这样才能发挥社群最大的价值，实现私域流量的持续转化。

（4）激发用户参与的积极性

在微信社群的运营过程中，运营者要经常与群成员进行互动，而不是建群之后，把人引进来就不管了。运营者可以通过举办各种社群活动，来激发用户参与的积极性，增进和用户之间的感情，为日后的转化获利埋下伏笔。

6.4　私域流量，实战案例

讲完私域流量池运营的方法之后，在本章的最后一节，笔者想跟大家分享两个私域流量运营的实战案例，帮助大家更好地理解和掌握运营私域流量的方法。本节主要介绍餐饮行业和在线教育行业的私域流量运营案例，具体内容如下。

6.4.1　餐饮行业，好评返现

在餐饮行业中，许多餐饮店的商家为了提高店铺菜品的销量和好评率，通常会在我们点的外卖中放入带有个人微信二维码的好评返现小卡片，以此来吸引消费者添加商家微信，达到引流的目的。

例如，下面这位餐饮店的老板就是通过这种方式，将美团上面的流量引流至自己的微信私域流量池的，如图 6-40 所示。

图 6-40 通过好评返现来引流

该商家先通过微信二维码将美团、饿了吗等平台上的公域流量引流到个人微信私域流量池中，利用消费者的逐利心理促使消费者给好评，以此来提高店铺的口碑和产品销量以及消费者的回客率，增加消费者的黏性。

该商家前期虽然为此付出了一定的成本，但是从长远来看，他所得到的利益和价值却更多了，不仅获得了很多精准的私域流量，搭建起了自己专属的私域流量池，同时也提高了品牌口碑的影响力，可谓一举两得。

6.4.2 在线教育，公开课程

所谓在线教育，就是知识付费，在这个行业最缺的就是精准的流量，而公域平台上的流量竞争却是异常激烈。在这个流量稀缺的商业时代，在线教育的创业者必须要想办法将获得的公域流量转化为私域流量，搭建起私域流量池，通过多次转化实现产品的二次销售，提高流量的利用率。

在前期，在线教育的创业者会借助腾讯课堂公共平台来分享免费基础的公开课知识，利用各种引流推广的手段将流量吸引到自己所开设的课程直播间，并在里面介绍有关高级课程付费的相关内容。如果学员对该课程感兴趣，就会加讲师、客服的私人 QQ 或微信来进一步了解，最终将这些高意向的精准流量转化为付费用户，让其加入 VIP 班的社群进行系统的学习。

图 6-41 所示为腾讯课堂平台上某教育机构开设的素描直播公开课。

图 6-41　某教育机构开设的素描公开课

第 7 章

私域电商，获利技巧

自从私域流量时代来临后，传统电商模式开始逐渐衰落，各大电商平台的商家纷纷开始向私域电商方向转型。本章主要介绍私域电商的定义和优势以及私域电商在主流平台的转化获利方式等，帮助运营者们做好私域电商的运营。

7.1 私域电商，定义优势

在传统电商初期，商家获得了大量流量红利，做什么生意都能快速做大做强，导致他们忽视了用户的运营管理。而如今，传统电商的流量红利已经褪去，获客成本大幅增加，此时商家才意识到用户运营的重要性，但往往悔之晚矣。

不管是哪种红利都有一定的时限，不可能一直存在。因此，商家布局私域往往都是形势所逼。私域电商的出现让商家更加重视用户的价值，而不是单方面地追求转化和购买。商家要做的就是通过私域流量运营来提升用户的复购率，甚至让用户带来新的用户，实现流量裂变。

私域电商是指商家通过社交媒体与用户进行沟通和互动，并促使用户下单来完成商品的交易，从而使商家摆脱对电商平台的流量依赖。

7.1.1 降低成本，提升单价

私域流量是 2019 年非常火爆的一个词，其大意就是把用户圈到自己专属的私人平台中，从而与用户产生更紧密的联系，提高他们购买产品的概率。从 2013 年开始兴起的微商到现在的社交电商，私域流量池的建设从未中断。

私域流量池最大的价值在于降低了流量成本，过去的传统电商可以把一件产品卖给 100 个人，而私域电商则可以把 100 件产品卖给同一个人，不仅大幅降低了流量成本，而且还极大地提升了客单价，从而使用户价值得到了提升。

例如，会员制电商平台云集 95％ 的会员都是女性群体，其中宝妈群体高达86％，这种私域群体的获客成本非常低。2019 年 5 月 3 日，成立不足 4 年的云集在纳斯达克正式挂牌上市，如图 7-1 所示。

图 7-1　云集上市

7.1.2　必要条件，基本特点

私域电商对于选品也有一定的要求，包括两个必要条件和一个基本特点，具体介绍如下。

1. 必要条件一：高毛利

因为微信个人号、社群、朋友圈等私域流量池并不是真正意义上的电商平台，因此用户的购物需求并不旺盛，他们通过微信购买你的东西更多的时候是一时兴起。因此，商家要尽可能围绕消费者的诉求寻找一些高单价、高毛利的产品，这样才能够保证自身的利润。

在选择货源方面建议商家，无论想卖什么或者在卖什么，都一定要选择正品货源。其次是品类定位，建议商家选择自己喜欢的产品去做，一般都不会太差。因为你喜欢这款产品，所以也会全心投入地去经营这款产品。

销售额 ＝ 单价 × 成单量，而利润又与销售额直接挂钩，所以这两个变量很重要。薄利多销并不适合刚起步做私域电商的商家，因为无论是出于经验还是资源考虑，都不可能短时间获得大量的订单，所以就要控制合理的高单价，然后通过其他的附加福利辅助自己销售。

2. 必要条件二：成本不透明

产品的成本价格不透明，这样商家就可以掌握商品定价自主权，比较常见的有化妆品、眼镜、保健品、美容养生用品等。通常情况下，商家如果想要更大的利润空间，除非自己是生产商。因此，有条件的商家可以自创品牌，或者代理一个区域的品牌授权，减少竞争者，这样就能够灵活定价，获得更大的利润空间。

3. 基本特点：高复购率

社交媒体的定位并不是卖货，因此商家可以选择一些复购率较高的产品，吸引客户长期购买，提升客户黏性，避免支付巨大的引流成本。

成功的私域电商大部分利润都是来自老客户，所以商家要不断提升产品、品牌、服务和营销竞争力，促进客户的二次购买，甚至实现长期合作。要做到这一点，关键就在于货源的选择，商家必须记住一句话，那就是"产品的选择远远大于盲目地营销"，因此要尽可能选择那些能够让粉丝产生依赖的商品货源。

精准地掌握用户刚需，牢牢把住市场需求，这是所有做私域电商的人都必须具备的商业嗅觉。任何商品最后都是需要卖出去，卖给客户才能实现价值。为什么他们要买你的产品呢？最基本的答案就是，你的产品或服务能够满足他的需求，解决他面临的难题、痛点。例如，共享单车的出现解决了人们就近出行的刚需难题，因此很快就火爆起来。

> **专家提醒：** 刚需是刚性需求（Inelastic Demand）的简称，是指在商品供求关系中受价格影响较小的需求。从字面可以理解，刚需就是硬性的，人们生活中必须要用的东西。对于私域电商的产品选择来说，只有将用户痛点建立在刚需的基础上，才能保证用户基数足够大，而不是目标人群越挖越窄。

7.1.3 概念解析，社交属性

认识到私域电商的流量价值和选品要求后，那么私域电商到底是什么？我们不妨把它的字面意思拆解一下，如图 7-2 所示。

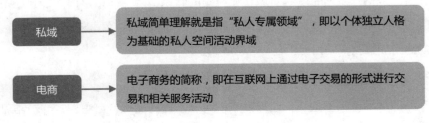

图 7-2　私域电商的字面意思

私域和电商结合初看之下是限制了电商的范围，但实际上是扩大了电商的领域，让电商进入到很多社交私域空间，这些空间以前都是封闭的。例如，京东拼购（现已更名为京喜）就是京东推出的一种深度私域流量领域的电商功能，加入了大量的社交玩法来刺激用户多级分享裂变，帮助京东商家引流，如图 7-3 所示。

图 7-3　京喜

因此，私域电商的概念还离不开社交属性，在私域环境下，大家都是"熟人"或者"半熟"的关系，这样也给电商行为带来了更强的用户黏性，其传播力度和转化效果都会高于传统电商。

7.2　流量转化，3 大玩法

当我们建立了自己的私域流量池之后，即可开始运营核心用户，主要可以通过 3 种方法来转化，分别为自用流量（电商）、流量出租（广告）、流量付费（增值服务），本节将详细介绍这些转化模式的玩法。

7.2.1　自用流量，社交电商

社交电商是目前私域流量转化最常用的方式，传统的微商朋友圈卖货就是典型的代表。我们做任何事情都带有目的性，没有目的的事情几乎是不存在的。社交电商做的所有事情也具有目的性，那就是要与客户之间最终达成交易。

社交电商在前期需要花很多精力和用户建立信任关系，正是这种信任让用户愿意购买你的商品。社交电商拥有强大的流量优势，成为新的流量入口，很多传统企业也在向新一代的社交电商转型，来增强自己的转化能力。

例如，顺逛就是海尔集团推出的一个聚焦社群交互的社交电商平台，打通线下实体店、线上网店等原本各自为战的商业渠道，顺逛商城网址已和海尔官网合并，如图7-4所示。

图 7-4　海尔官网

顺逛不仅通过各个渠道来销售自己的产品，而且还为用户推出了"0元开店"服务，赋能创业者，为其搭建起一个"无门槛、高回报"的创业平台，如图7-5所示。"0元开店"服务也是基于创业者自身的私域流量来促进产品销售，用户在顺逛找到合适的商品后，可以生成二维码海报，将其分享到自己的朋友圈或者微信群中，当好友通过你分享的二维码下单后，即可获得相应的佣金收入。

图 7-5 顺逛 "0 元开店" 介绍

7.2.2 流量出租，商业广告

商业广告是很多私域流量运营者的主要获利途径，运营者通过将自己的私域流量出租给平台或品牌商家，让他们在自己的流量池投放广告，并收取一定的流量租金收益。商业广告这种变现途径又可以分为多种形式，如平台广告补贴、第三方广告以及流量广告等，如图 7-6 所示。

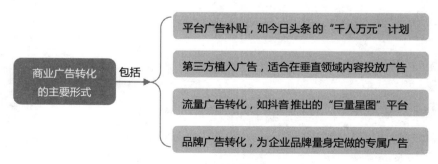

图 7-6 商业广告转化的主要形式

例如，巨量星图就是抖音官方提供的一个可以为达人接广告的服务平台，同时品牌方也可以在上面找到要接单的达人，如图7-7所示。巨量星图的主打功能就是提供广告任务，并从中收取分成或附加费用。

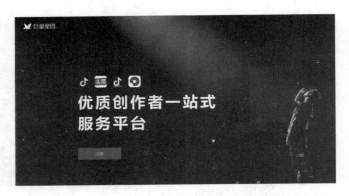

图7-7　巨量星图服务平台

另外，比较常见的还有微信公众号的流量主广告转化功能。对于公众号运营者来说，可以通过开通"流量主"功能来获得商家支付的广告费分成收益。运营者可以在微信公众号后台的"推广"菜单中选择"流量主"选项进入开通页面，单击"申请开通"按钮即可。开通"流量主"后即可设置公众号底部广告位和公众号文中广告位，还能享受返佣商品收益，如图7-8所示。

图7-8　公众号后台流量主设置页面

开通"流量主"功能后，只要公众号粉丝点击查看了文章中插入的广告，运营者即可获得相应的广告收益，如图 7-9 所示。

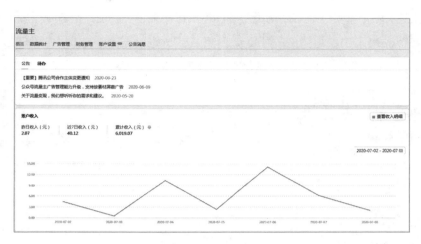

图 7-9　查看广告收益

图 7-10 所示为流量广告数据分析页面。根据广告收益来源的数据可知收入与文章关注量息息相关。对于想要通过流量广告进行盈利的运营者而言，首先要做的就是把自己的用户关注量提上去，只有把用户关注量提上去了，才能获得更多广告收益。

昨日关键数据							
数据来源	拉取量	曝光量	曝光率	点击量	点击率	eCPM（元）	收入（元）	操作
底部广告	652	170	26.07%	3	1.76%	12.18	2.07	查看
文中广告		0		0			0.00	查看
数据来源	商品曝光量	商品点击量	商品订单量	订单金额（元）		下单率	预估收入（元）	操作
返佣商品	205	2	0	0.00		0.00%	0.00	查看

昨日产生收入TOP10文章				
文章标题	发布日期	是否原创	昨日收入（元）	操作
工笔画人像，好美！	2020-07-07	原创	4.75	查看
美丽山河是你的服除	2020-05-31	非原创	0.65	查看
6个手机拍照秘诀，全世界都拍出大片！	2020-06-28	非原创	0.09	查看
拍不好花？这9个技巧你试试！	2020-04-07	原创	0.03	查看
精彩延时视频，第5种网红调色	2020-06-27	非原创	0.03	查看
再拿重点！精通第3种构图，拍人像、拍其他，你都历害！	2019-10-29	原创	0.03	查看
36个技巧，手机轻松拍出美照！	2020-03-17	原创	0.03	查看
3种方法，精彩大气的延时视频这样拍！	2020-06-20	原创	0.02	查看
30个技巧，手机轻松拍出美照！	2020-06-09	原创	0.02	查看
酷学习摄影，又省钱的时机到了！	2020-06-18	原创	0.02	查看

图 7-10　流量广告数据分析

7.2.3　流量付费，增值服务

　　腾讯借助自己庞大的流量优势，打造了很多火爆的游戏作品，如英雄联盟、王者荣耀、和平精英、地下城与勇士等。腾讯还在微信"发现"频道中增加了一个"游戏"流量入口，将微信的社交流量源源不断地注入网络游戏中，如图7-11所示。在社交流量的加持下，这些游戏为腾讯带来了巨大的收益。

图 7-11　"微信游戏"频道

　　除了网游以外，增值服务还有一个非常热门的转化领域，那便是内容付费，包括会员服务、直播、知识付费等，都是通过将免费流量转化为付费流量来实现商业转化。例如，根据爱奇艺发布的2019年Q2财报显示，其订阅会员数突破1亿人，营收达到71亿元，其开通会员页面如图7-12所示。

图 7-12　爱奇艺会员开通页面

　　知识付费是知识生产者获取盈利的主要方式，它是指在平台上推送文章、视频、音频等知识产品或服务，订阅者需要支付一定的费用才能够查看并学习。用户通过订阅 VIP 服务为好的内容付费，可以让知识生产者从中获得成就和收益，他们才能有更多、的精力和热情持续地进行内容创作。

　　例如，专注优质内容生产的喜马拉雅 FM 就是一个知识付费平台，重点发力粉丝经济转化模式，打造强大的内容付费核心竞争力。喜马拉雅 FM 的主要盈利方式为内容付费，通过多元化的发布渠道来开启付费精品区，用户需要付费来购买这些精品内容，帮助主播实现更多营收。例如，《曾仕强讲中华文化大合集》的购买价格为 299 喜点，1 个喜点等于 1 块钱，如图 7-13 所示。

　　喜马拉雅 FM 还有一种付费会员的转化方式，即用户为开通会员附加功能而付费。喜马拉雅 FM 的 VIP 会员套餐连续包月仅需 18 元 / 月，可以免费收听所有带会员标识的内容，同时还以更低折扣购买付费内容，如图 7-14 所示。

图 7-13　内容付费　　　　　　　　　图 7-14　VIP 会员套餐

7.3　最终目的，转化获利

对于商家来说，搭建自己的私域流量池，其实是一种典型的商业行为，其目的是卖产品，也就是转化获利。与公域流量的电商平台相比，在私域流量池中我们有更多、更灵活的营销方法来提升销售转化，促进产品销量。

本节主要介绍一些私域流量转化获利的方法，包括活动促单、用户管理以及销售管理等，帮助商家提升私域流量的转化率，获得更多收入。

7.3.1　活动促单，引入流量

在移动互联网时代，电商的营销不再是过去那种砸钱抢夺流量的方式，而是以粉丝为核心，所有商家都在积极打造忠诚的粉丝社群体系，这样才能让店铺走得长远。其中，做活动营销就是一种快速获得粉丝的方法，能够更好地为店铺引入流量，给产品和店铺更多展示的机会，让商家彻底抓住粉丝的心。

例如，拼多多平台的电商活动都具有极强的社交属性，通常会要求消费者分享活动，发动多人共同参与，从而帮助商品或店铺实现裂变传播引流。以"多多果园"活动为例，其活动入口位于拼多多首页以及"个人中心"页面，这些都是高曝光资源位，参与活动即可坐拥超高流量。"多多果园"活动可以帮助商家轻松提升销量，活动商品均会计入店铺销量。只要成为"多多果园"的供货商家，平台会报销商品成本和运费成本，帮助商家降低推广成本。

进入"多多果园"活动页面后，用户可以种植和培养树苗，当树苗长大结果后，用户可以获得免费的水果，如图 7-15 所示。点击"领水滴"按钮，可以通过完成各种活动任务，如查看手机通讯录好友、每日免费领水、寻找宝箱、每日三餐开福袋等获得对应的水滴道具奖励，如图 7-16 所示。

图 7-15　多多果园活动页面

图 7-16　"领水滴"任务

另外，多多果园还有"助力领水"活动，可以邀请好友助力，获得水滴和化肥等道具奖励，如图 7-17 所示。点击"打卡瓜分水滴"图标进入其界面，用户只需支付 10g 水滴即可获得参与打卡资格，成功打卡后即可瓜分水滴，吸引上百万用户参与，如图 7-18 所示。

图7-17　"助力领水"活动

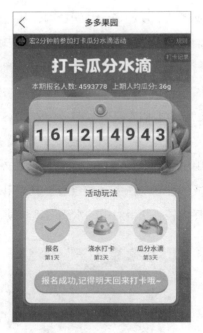

图7-18　"砍价免费拿"活动

　　这里介绍的只是"多多果园"的部分广告资源位，其中还有很多趣味社交活动，里面都包含了丰富的广告资源位，很适合商家植入各种场景推广。拼多多平台上的每个活动都有自己独特的优势，商家只要利用得当，都可以在这些活动资源位中抓取到流量，从而提升商品的成交总额（Gross Merchandise Volume，GMV）。

7.3.2　用户管理，提升存留

　　对于社交电商转化来说，活动促单固然重要，但是必要的用户管理技巧也是不可或缺的。互联网上的用户也有自己的生活方式和行为习惯，商家不能只把他们当作流量，而需要将他们当作真实用户来运营，提升用户的存留和复购率。下面介绍提升用户存留的相关技巧，如图7-19所示。

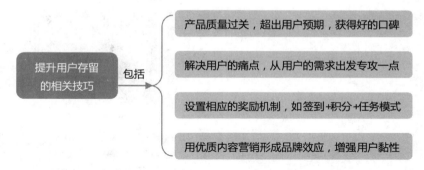

图 7-19　提升用户存留的相关技巧

　　另外，想要让用户活跃起来，利用活动是一种比较有效的方式。说到活动，大多数人脑海里就会出现诸多与之相关的词汇，一般来说，只要是活动就会对促进用户活跃度上有一定的影响，只是这种影响有大有小。

　　而社交电商运营过程中一般会选择那些能极大地活跃用户的方法，在此简单介绍一些常见的促进用户活跃的活动方式，如图 7-20 所示。

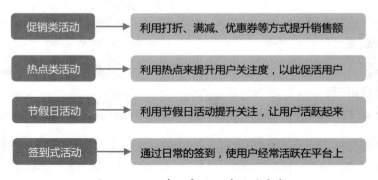

图 7-20　促进用户活跃的活动方式

　　例如，砍价活动不仅能够促活，而且还能引流。很多人第一次接触拼多多大都是通过微信群好友分享的"砍价免费拿"链接，如图 7-21 所示。用户只需在 24 小时内邀请到足够多的朋友帮忙砍价，即可免费获得商品。这些帮忙砍价的用户同时也会注册成为拼多多的用户。

图 7-21　好友分享的"砍价免费拿"链接

好友砍价是一种非常重要的营销手段，商家可以在拼多多中发布需要推广的产品或服务，然后制定一个原价与活动优惠价，并规定相应的砍价人数。用户打开活动链接页面后，可以将其分享给微信好友，邀请他们帮助你一起砍价，邀请的人数越多，则可以砍到更低的价格，甚至可以免费获得商品。

砍价活动是一种非常实用的裂变营销工具，可以让拼多多形成病毒传播效果，尤其是将其投放到各种活跃的微信社群后，宣传规模将呈现出指数型增长，引流效果和范围会大幅扩大。

因此，商家在管理用户时可以通过在电商营销模式中注入大量的社交属性，并用高性价比来吸引用户，不仅满足了用户的基本消费需求，同时还可以激发大量非刚性的需求，将更多社交流量转化为订单。

7.3.3　销售管理，做好激励

私域流量池的用户运营是长久的工作，只有维护和管理好用户，才能最大化实现用户价值的转化获利。因此，运营者要尽量减少群发，要让用户感受到你的诚意，只要他对你有足够的信任，那么实现流量转化也就水到渠成。

1. 设计激励机制，推动团队业绩

创业要想成功，必须要有一支能战斗的队伍，也就是拥有一支一流的创业团队。因此，商家需要做好企业员工和团队的激励机制，只有大家齐心协力团结一致，才能让团队爆发出最强的战斗力，才能更接近成功。合理的激励机制可以对员工产生业绩激励效果，具体分析如图 7-22 所示。

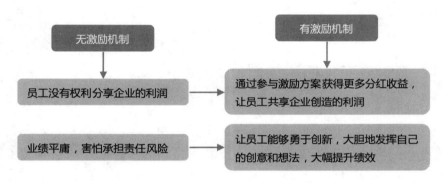

图 7-22　无激励和有激励机制的对比

2. 做好客服管理，提升店铺销量

对于社交电商转化来说，管理销售的主要工作就是做好客服管理，因为客服就是电商的销售人员。随着网店数量的增长，有两个问题日益凸显：一是店铺之间的竞争越来越大；二是市场需要大量客服人员，而客服人员的素质是参差不齐的。因此，商家要善于培养懂顾客、会销售的金牌客服，有效地提高客服人员的业务水平，提高产品的好评率，让店铺的产品销量和口碑同时提升。

顾客都是通情达理的，如果客服人员能够在把握其心理的基础上采取相应的对策，那么销售将变得更加有针对性，而客服人员也更容易给顾客留下好印象。对于客服来说，沟通是一门语言的艺术，在与顾客的沟通交流过程中，客服人员只有灵活地进行应变表达，让顾客觉得非常舒服，才能更好地促成交易，提高产品的成交率，图 7-23 所示为客服人员的沟通技巧。

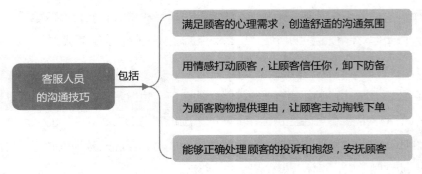

图 7-23　客服人员的沟通技巧

7.4　流量成交，借鸡生蛋

在互联网时代，流量可以简单理解为用户关注度，有流量就说明有人关注你，流量也是一种非标品化的商品。流量成交就是通过流量交易的方式进行转化，尤其对于电商行业来说，流量是生死存亡的命脉，流量越多销量才会越多。

7.4.1　获利本质，粉丝转化

如果我们去分析私域流量池转化的本质，其实简单来说就是用粉丝转化获利。比较典型的就是拼多多，不管是拼团购物、助力享免单还是砍价免费拿，表面上是争抢消费者，而实际上则是争抢消费者背后的资源，也就是他们的私域流量资源。

拼多多基于微信的社交生态，用户触达能力极强。例如，拼多多推出的"一分抽大奖"等拼团模式，用户只需支付 1 分钱并邀请好友参与，即可获得中奖资格，通过这种简单的手法在短时间内俘获了大量的消费人群，如图 7-24 所示。另外，用户还可以邀请更多好友积累"幸运码"，增加中奖的概率。

用户在拼多多购物时可以直接使用微信快速支付下单，降低了支付门槛；用户还可以通过微信群、朋友圈分享"拼团"，这种点对点的触达方式还将用户信息筛选和商品选择的门槛降低了。拼多多通过社交拼团快速聚集大量低消费人群，正是因为掌握了这种用户思维，才让拼多多的用户规模得到爆发式增长。

图 7-24 "一分抽大奖"拼团模式

通过社交拼团不断裂变渗透到用户的私域流量池中，用户开始逐渐了解并接受拼多多这种电商模式，同时还会被优惠吸引参与其中。从拼多多的用户分享机制可以看到，在不同的营销模式中，新人获得的奖励要远高于老顾客，从而为平台的私域流量池持续注入鲜活的流量。

通过熟人来进行扩展，信任程度最高，引流成本最低，引流效果最好。利用粉丝产生扩散转化，从而增加营收，这也是私域流量转化的本质所在，可以帮助我们少走弯路，多走捷径，拥有更多的机会。

7.4.2 交易社交，更有温度

私域流量和公域流量最大的区别在于信任，私域流量转化是基于熟人的生意模式。每个人从出生开始其实就在打造私域流量池，我们的父母、家人是第一种私域流量；上学后，我们的老师、同学、校友是第二种私域流量；毕业工作后，我们的同事、客户、朋友是第三种私域流量。

由此可见，私域流量是有一定信任基础，有感情连接的。因此，我们在进行私域电商转化时，需要将交易行为变成社交行为，让商业转化不再是冰冷的交易关系，而是有温度的社交关系，这样才能让私域流量转化更加长久地持续下去。怎么才能做到呢？下面总结了 3 个技巧，如图 7-25 所示。

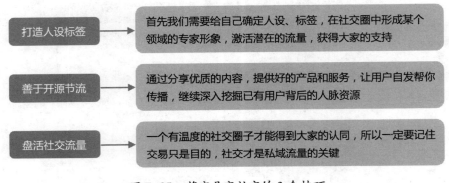

图 7-25　将交易变社交的 3 个技巧

7.5　转化方式，多种多样

本节主要介绍私域电商在淘宝、京东、抖音、快手、今日头条、喜马拉雅、知乎等主流平台的获利方式，帮助大家找到适合自己的私域电商运营的平台，以便更好地实现私域流量的转化。

7.5.1　转化之一，直播带货

在直播领域中，很多都是与电商业务联系在一起的，特别是一些主播 IP，他们在布局电商业务的同时，利用本身强大的号召力和粉丝基础，以直播的内容形式打造私域流量池来进行导流和电商转化。

1. 淘宝直播

淘宝直播是一个以"网红内容"为主的社交电商平台，为明星、模特、红人等直播人物 IP 提供更快捷的内容转化方式。淘宝直播的流量入口被放置在手机淘宝的主页下方，如图 7-26 所示。

　　点击淘宝直播栏目，即可看到很多主播发布的直播和短视频内容，而且这些内容基本上都是主播原创的，短视频也是主播亲自拍摄的，如图 7-27 所示。

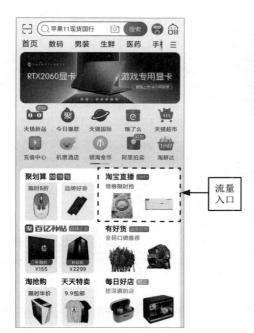

图 7-26　淘宝直播流量入口　　　　　图 7-27　淘宝直播界面

　　在淘宝直播中，有很多主播的真实身份是美妆达人、时尚博主、签约模特等。对于互联网创业者或者企业来说，并没有必要亲自去验证这些淘宝主播的带货能力，如果有合适的产品也可以联系淘宝主播来协助宣传，让他们来为店铺引流。

　　当然，对于那些没有开店只是帮助商家推荐商品的淘宝主播而言，也可以从商家那里获得佣金收入。在这种互联网电商模式下，直播主播 IP 充当了流量入口，为商家或自己的店铺提供了流量来源。

2. 蘑菇街直播

　　蘑菇街不仅内容时尚、形式多样，而且平台中的商品种类丰富，同时结合"红人直播、买手选款 + 智能推荐"的售卖方式，让用户在分享和发现流行趋势的同时，享受更好的购物体验。图 7-28 所示为蘑菇街 App 中的直播功能。

图 7-28　蘑菇街 App 中的直播功能

蘑菇街针对入驻红人，推出了"百万主播孵化计划"，帮助他们快速开通直播权限。蘑菇街直播的入驻类型包括个人主播、MCN 机构、供应链商家、主播小店等类型。例如，个人主播必须是高颜值且有红人属性的时尚穿搭或美妆达人。当然，如果主播的电商属性强、自带符合平台货品需求的货源，这也是加分项。

3. 京东直播

京东直播是京东旗下的直播带货平台，与淘宝购物平台不同的是，京东自创自营式电商模式，而且以家电数码产品销售出名。图 7-29 所示为京东 App 首页的直播入口和京东直播页面。

图 7-29　京东直播

7.5.2　转化之二，视频电商

短视频电商转化和广告转化的主要区别在于，电商转化虽然也是基于短视频来宣传引流，但还需要实实在在地将产品或服务销售出去才能获得收益，而广告转化则只需要将产品曝光即可获得收益。

如今，短视频已经成为极佳的私域流量池，带货能力不可小觑。短视频电商转化的平台除了抖音外，还有西瓜视频、快手、微视、淘宝、今日头条以及火山小视频（抖音火山版）等。其中，头条系的产品占据了半壁江山，而且今日头条还通过和阿里巴巴合作，打通了电商渠道，这对于私域流量运营者做短视频转化获利来说，无疑起到了很好的推动作用。

1. 快手小店

快手小店主要用于帮助红人实现在站内卖货转化，高效地将自身流量转化为收益。用户开通快手小店功能后，即可在短视频或直播中关联相应的商品，粉丝在观看视频时即可点击商品直接下单购买，如图 7-30 所示。

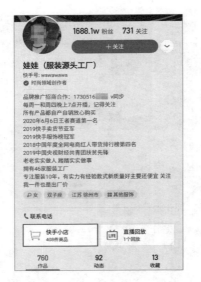

图 7-30   快手小店

　　打开快手应用后，❶ 点击"菜单"图标，选择"设置"中的"实验室"选项
进入其界面；❷ 点击"我的小店"按钮进入；❸ 点击"启用我的小店"即可，如
图 7-31 所示。开通"快手小店"功能后，用户不仅能够享受便捷的商品管理及
售卖功能，获得多样化的收入方式，还能获得更多额外曝光和吸粉的机会。

图 7-31   启用"我的小店"功能

2. 哇哦视频

淘宝对于短视频电商领域一直都是不遗余力地深耕，其中"哇哦视频"频道就是淘宝精心设计的短视频产品，不仅替换掉了之前的"爱逛街"品牌，而且还逐步覆盖到全部手淘用户，成为淘宝短视频内容的最核心阵地，如图 7-32 所示。

图 7-32 淘宝哇哦视频

对于推广预算充足的商家来说，建议可以自己拍短视频，当然你的制作能力必须超过那些红人店铺，否则很难达到好的推广效果。因此，如果商家预算不足或者不具备拍摄条件，则建议选择与视频机构合作。商家可以通过"淘榜单"参考各种数据来寻找一些靠谱的达人，如图 7-33 所示。

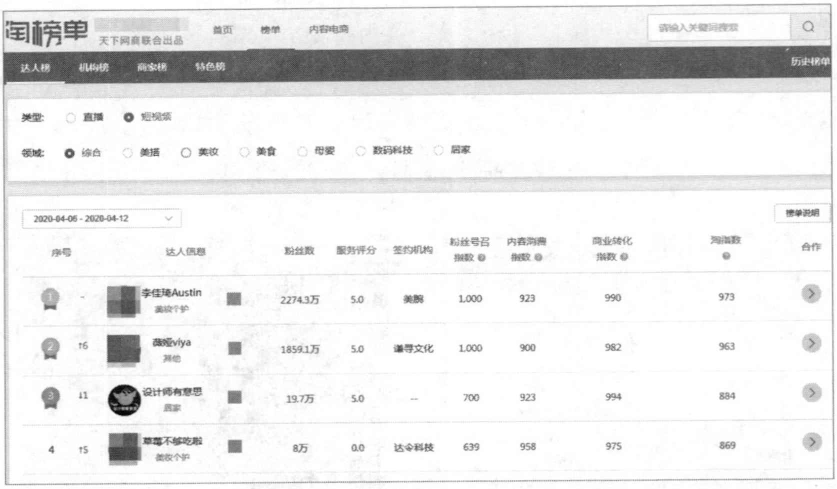

图 7-33 "淘榜单"短视频达人综合榜

3. 抖音橱窗

除了快手小店之外，抖音平台也有属于自己的电商转化获利功能，那就是商品橱窗。抖音运营者可以通过开通商品橱窗功能来实现短视频私域流量的转化获利。图 7-34 所示为抖音号"蕊希 Erin"的橱窗商品展示。

图 7-34 蕊希 Erin 的橱窗

7.5.3　转化之三，内容电商

互联网的发展让私域流量成了企业和个人争相抢夺的对象，内容电商运营也应运而生，无数企业、商家纷纷踏入内容电商的大军之中。在互联网＋时代，各种新媒体平台将内容创业带入高潮，再加上移动社交平台的发展，为新媒体运用带来了全新的粉丝经济模式，一个个拥有大量私域流量的个人 IP 由此诞生，成为新时代的商业发展趋势。

1. 淘宝头条

淘宝购物已经成为消费者最喜爱的购物平台，淘宝未来的发展方向是"内容化＋社区化＋本地生活服务"，在这些前提的驱动下，推出了"淘宝头条"平台（又称为淘头条）。图 7-35 所示为手机淘宝中的"淘宝头条"入口。

据悉，淘宝头条目前拥有超过千万的日活跃用户数，一篇优质内容可以收获800 万＋的阅读量，一个优质账号 8 个月订阅粉丝可达 90 多万，平均每月涨粉可达 10 万＋。另外，淘宝头条的内容运营者收益情况也比较可观，一篇淘宝头条爆文可以给创作者带来十多万元的佣金收益。

图 7-35　手机淘宝的淘宝头条入口与页面

当然，想要入驻淘宝头条，商家还需要具备一定的资格，如图 7-36 所示。

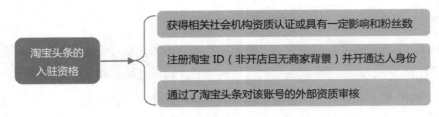

图 7-36　淘宝头条的入驻资格

> **专家提醒**：内容要想通过粉丝来实现转化，首先这些内容应该能够引起大家的共鸣，这需要一个时机来体现。其次，只有在正确的时间里用内容与用户产生共鸣，才能获得更精准的粉丝与流量，这样内容在转化时也才能更有价值。

2. 淘宝有好货

淘宝有好货的展示流量是千人千面的，也就是说不同消费者可以看到不同的内容，商家可以获得更加精准的引流效果。有好货更适合那些小而美的商品展示，同时也是商家新品引流和老品维护的重要平台。

有好货的封面图片一般为尺寸分辨率不小于500×500，推荐分辨率为1 080×1 080。另外，有好货的封面图片内容布局设计还需要满足以下要求。

（1）一致性：封面图片中出现的商品要和标题、推荐理由以及宝贝详情页面中出售的商品要完全一致，如图 7-37 所示。

图 7-37　封面图片的一致性

（2）背景要求：封面图片的背景要干净整洁，可以采用白色背景或场景图片，同时应突出主体，在构图上要尽量完整饱满，要有较高的清晰度。

（3）无"牛皮癣"：封面图片上不能出现水印、Logo 以及其他多余的文字，最好不要用拼接的图片。

（4）数量与颜色：除套装类商品外，单张封面图片上只能出现一个商品主体，而且对于有多种颜色的商品也只能挑选其中一种颜色。

（5）模特要求：对于服饰类需要使用模特照片的商品来说，通常只能出现一个模特人物，而且最好不要使用全身照片，但情侣装和亲子装除外。

（6）拍摄角度：在拍摄商品照片时，要选一个可以体现商品全貌、特点以及功能的最佳角度，最好能让用户一眼就看出这是什么商品。

7.5.4 转化之四，媒体电商

随着传统电商遇到流量天花板，拥有可以直达消费者的自媒体私域流量成为电商发力的新方向。随着 5G 时代的到来，不管是企业还是个人，都可以通过自媒体渠道来吸粉引流，构建起自己的私域流量池。

1. 今日头条

今日头条如今已经成为紧跟腾讯的第二大流量池，它也希望通过电商业务来充分发挥流量价值。"放心购"是今日头条推出的自有电商平台，而"值点"是今日头条电商业务布局中的一个重要应用。

放心购主要依托自媒体平台的流量，商家可以与头条号大 V 进行付费合作或者经营自己的头条号，通过发布文章的形式导流到商品页面，引导头条用户直接在线支付。在今日头条号后台的"发表文章"页面，除了可以插入图片、视频和音频等多媒体文件外，还可以把第三方平台的商品插入文章中，如图 7-38 所示，这样用户便可点击文章的商品图片实现快速购买了。

图 7-38　在文章中插入商品链接

兼容了电商功能与生活资讯的"值点"不仅可以提升用户黏性，延长他们的浏览时间，还可以促进更多的电商交易，如图 7-39 所示。

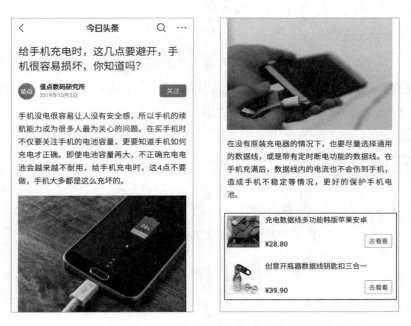

图 7-39　"值点"兼顾电商与资讯

2. UC 大鱼

大鱼号是阿里巴巴旗下的自媒体创作服务平台，和今日头条一样，大鱼号的内容创作者也可以通过在文章中附带商品链接来转化获利，在大鱼号发布的内容主要是在 UC 浏览器中投放，如图 7-40 所示。

图 7-40　大鱼号文章中所带的商品链接

7.5.5　转化之五，知识付费

知识转化获利的实质在于通过售卖相关的知识产品或服务，让知识产生商业价值。在互联网时代，我们可以非常方便地将自己掌握的知识转化为图文、音频、视频等产品形式，通过自己的私域流量池来传播并售卖给粉丝，从而实现盈利。随着互联网和移动支付技术的发展，知识付费这种私域流量获利模式也变得越来越普及，能够帮助知识生产者获得不错的收益和知名度。

1. 喜马拉雅 FM

知识课程的内容形式主要特点为专业化、娱乐化和干货化，其典型代表包括喜马拉雅 FM、蜻蜓 FM、知乎盐选以及今日头条的付费专栏等，代表作品包括《奇葩说》《好好说话》和《百家讲坛》等。

喜马拉雅 FM 在版权合作的基础上，融合了"UGC+PUGC+PGC"等多种内容形式，如图 7-41 所示。同时布局"线上 + 线下 + 智能硬件"等多渠道来进行内容分发，打造完整的生态音频体系。喜马拉雅通过不断挖掘上游原创内容，来充分利用 IP 衍生价值，实现知识生产者、知识消费者和平台的三方共赢。

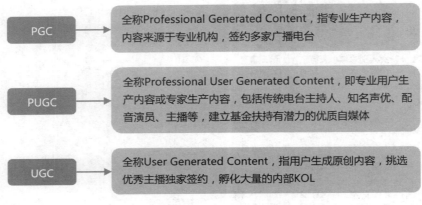

图 7-41　喜马拉雅 FM 的主要内容形式

喜马拉雅 FM 具有两个核心优势，具体内容如下。

（1）积累大量高黏性的听众用户。根据喜马拉雅 FM 的官网数据显示，其手机用户超过 4.7 亿，汽车、智能硬件和智能家居用户超过 3 000 万，还拥有超过 3 500 万的海外用户，并且占据了国内音频行业 73% 的市场份额。

（2）拥有全品类的知识产品服务。8 000 多位有声自媒体大咖，500 万有声主播，同时有 200 家媒体和 3 000 多家品牌入驻，覆盖财经、音乐、新闻、商业、小说、汽车等 328 类过亿有声内容。

图 7-42 所示为喜马拉雅 App 的首页和内容分类排行榜。

图 7-42　喜马拉雅 FM

2. 悟空问答

互联网时代让知识咨询变得更加容易，人们不仅可以非常方便地上网搜索各种问题的答案，同时还可以通过一些问答互动类知识付费平台获得更加专业和深入的答案，如悟空问答、知乎、知了问答以及微博问答等。付费问答可以沉淀大量的新知识，并且能够聚集高度活跃的用户，是可行度较高的知识转化路径。

作为一个类似知乎问答的内容产品，悟空问答不仅在短时间内吸引了众多用户关注，更重要的是，即使你是普通用户，你也有获利的机会。在悟空问答频道，只要符合条件的优质内容创作者参与问答，就有可能获得问答分成。符合条件主要表现在两个方面：一是创作者本身；二是创作者的内容，具体分析如下。

（1）创作者本身

从头条号创作者本身来说，其获得问答分成的条件必须是持续创作优质问答内容的答主，平台根据其曾经回答的内容质量来判断并邀请回答问题，在这样的情况下才能获得问答分成。

（2）创作者的内容

当创作者获得了问答分成资格时，并不代表他能持续地获得利益分成，还必须在接下来的运营中持续创作优质内容，这里所指的优质内容必须具备以下两个条件，具体内容如图7-43所示。

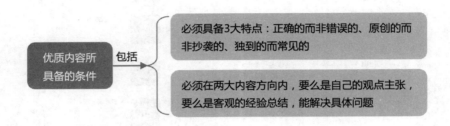

图7-43 优质内容所具备的条件

在悟空问答中，可以通过两种方式开通收益。如果所运营的头条号是没有回答过问题的新号，那么就可以通过邀请回答问题的方式来开通收益。但要注意以下3个事项，如图7-44所示。

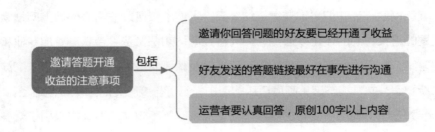

图7-44 邀请答题开通收益的注意事项

图7-45所示为悟空问答的官网首页。

图 7-45　悟空问答官网首页

3. 知乎 Live

知乎 Live 是由知乎平台打造的核心知识付费模式，通过直播讲座的形式，为付费用户分享知识，相当于一个实时语音问答的互动产品。知乎 Live 主要采用行业沙龙的社群付费形式。各行业达人确定 Live 主题，进行音频直播，与付费用户进行互动，如图 7-46 所示。

图 7-47 所示为知乎 Live 讲座的内容分类页面。用户需要开通知乎盐选会员才能收听这些知识内容，这也是 Live 主讲人的收益来源。

主讲人可以根据内容和参与人数的期待，自行设定 Live 的价格，通常在 9.9 ~ 499.99 元。每一场 Live，对于主讲人获得的实际酬劳，平台会抽取 30% 的服务费，但会给予主讲人 20% 的补贴，同时开放更多流量支持。对于消费者来说，平台提供"七天无理由退款"，同时建立绿色投诉通道保障消费者权益。

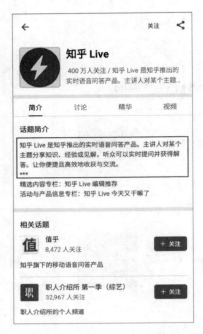

图 7-46 知乎 Live 简介   图 7-47 Live 讲座内容分类

> **专家提醒：** 要创建 live 直播，首先要开通主讲人身份，包括手机验证、实名认证以及芝麻认证等，同时还需要缴纳 500 元保证金才可以创建 Live，如果没有开通支付宝或者芝麻信用，也可以申请人工验证。

第8章

公众号平台，引流获利

从聊天到创业赚钱，微信已经融入了人们的生活中。个人和企业都可以创建自己的微信公众号来构建私域流量池，并通过文字、图片、语音和视频等内容实现与粉丝的全方位沟通和互动。本章就来揭秘私域流量运营中可称为"企业标配"的微信公众平台的引流与获利技巧。

8.1 精准引流，获取用户

所处的行业不同，服务的对象和经营的范围以及产品也就会有所不同。运营者如果想要成功地开发自己的私域流量池，除了需要有一个巨大的流量入口之外，还需要筛选出精准的用户流量。下面笔者介绍如何在微信公众号中有效地吸引高意向用户，搭建高质量的公众号私域流量池。

8.1.1 精准圈定，提升价值

和客户想要高质量的产品一样，微信营销者在做网络营销时同样需要高质量的精准粉丝，如果不对目标群体进行准确的定位，那么吸引过来的流量根本就无法进行转化和获利，可利用价值极小。

例如，苏宁易购电商平台的产品销售、运营方向主要是电器数码类，那么它的目标用户群则可能是上班族、家庭主妇、电器供应商等，而不是需要衣服、首饰、化妆品的用户。因此，苏宁易购的微信公众号也应该基于这一用户人群定位来推送内容，吸引粉丝关注。

下面笔者给大家介绍一套有效定位粉丝的方法，如图 8-1 所示。

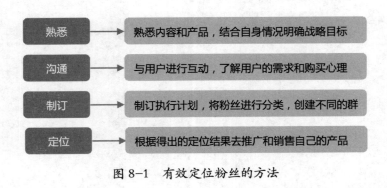

图 8-1　有效定位粉丝的方法

8.1.2 推送多样，更有创意

微信公众号推送的内容形式包括图片、文字、视频等，不管是以前的网络营销，还是现在的微信营销，只有丰富、有趣、个性化的内容才能吸引人。

在微信公众号的运营中，很多企业学会了以 H5 化的方式进行微信内容的展现，使企业公众号页面可以多层次、多角度去展现内容，再配上诸多实用性的和个性定制的功能，可以更加吸引粉丝的关注。下面继续介绍微信公众号运营中利用内容吸引用户的 3 个要点。

1. 富有个性

个性化是微信公众号运营者很难把握的一个要点，因为内容个性化没有真正意义上的标准，所以笔者给大家一个简单的建议，那就是用表达形式的个性化来代替内容创意的个性化。也就是说利用图文、视频和音频等诸多内容表达形式来进行推广，这也同样是打造具有个人特色的个性化内容的技巧。

2. 丰富有趣

微信公众号的内容要足够新颖和吸引人，即使不能做到每篇文章都具有独特的创意和想法，也起码要保证创作的内容没有太多的注水和太过枯燥无味。公众号作者可以尝试在内容中多加入一些情感元素，这样可以引发受众的情感共鸣，提高文章内容的趣味性和可读性。

3. 利益驱动

利益驱动是指公众号运营者迎合受众需求，抓住受众的痛点，定制和提供受众想要的内容，解决受众的实际问题，让受众从中获得利益，这样才能提高受众的黏性和忠诚度，有利于打造账号的 IP 和品牌。

8.1.3 点赞转发，更多曝光

一般而言，只要公众号的内容足够优质，用户是很乐意点赞（在看）和转发的。不过，如果想进一步增加点赞的人数和扩大转发的范围，运营者就得给用户一些实际的利益和好处，比如红包、优惠活动等福利，以激发用户主动分享传播的动力和欲望，从而提高公众号的知名度和曝光度。

例如，某公众号的运营者为了感谢粉丝的阅读、在看和转发，而发起的点赞抽奖活动，如图8-2所示。

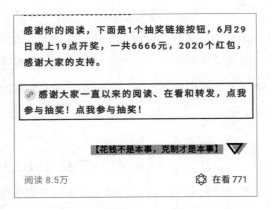

图 8-2　利用活动激发粉丝转发、在看的动力

8.2　吸粉引流，增加粉丝

做私域流量池的运营，最关键的问题就是流量的增长。对于微信公众号来讲，粉丝越多，私域流量池就越大，转化获得的收益也就越高。所以，公众号运营者想要利用微信公众号来转化，就必须掌握公众号的各种引流方法，增加公众号的粉丝数量，让更多人知道你的公众号。

8.2.1　媒体平台，兴趣引擎

除了微信平台外，互联网上还有许多用户量过亿的媒体平台，这些媒体平台各有特色，微信公众号正好可以利用这些媒体平台的特色，精准定位目标客户，这样可以使微信公众号拉新引流工作事半功倍。

例如，一点资讯是由一点网聚科技有限公司推出的一款为兴趣而生、有机融合搜索和个性化推荐技术的兴趣引擎软件。与今日头条一样，它本身也有着庞大的用户量，这是在一点资讯做公众号引流的必要前提。因此，微信公众号运营者可以在与自身账号相关的领域发布用户需要的内容，从而吸引更多用户关注其公众号。

图 8-3 所示为一点资讯 App 的首页界面。

图 8-3　一点资讯 App 首页

兴趣引擎技术是一点资讯平台最核心的技术力量，它是结合了搜索引擎和大数据技术而形成的一种新的信息搜索引擎。兴趣引擎依靠平台系统对用户订阅的信息、搜索的关键词等操作行为，挖掘出更多用户感兴趣的资讯，然后非常精准地抓住用户的阅读兴趣，把想看的内容快速推送给他们。

兴趣引擎技术能精准把握用户兴趣需求，所以一点资讯平台凭借其特色的兴趣引擎技术为用户实现了个性化资讯订阅，基于用户的兴趣为其提供资讯内容。

一点资讯可以借助用户登录时选择的兴趣频道等操作收集相关信息，整理成数据资料，然后再根据这些资料了解、推测出用户的感兴趣的新闻领域。一点资讯的平台特色主要表现在两点，如图 8-4 所示。

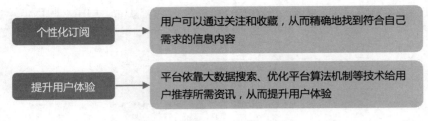

图 8-4　一点资讯的平台特色

运营者在一点资讯平台推送的内容能被那些有需求的用户所关注，而这些用户也刚好是公众号的目标用户群体，他们可能想要了解关于运营者的更多内容而去关注公众号，从而实现了引流的目的。

8.2.2　账号互推，涨粉方法

大号互推是微信公众号营销和运营过程中比较常用的手段，其实质是企业或个人运营者建立账号营销矩阵（是指两个或者两个以上的公众号运营者达成协议，进行粉丝互推，提升双方账号的曝光率和知名度，最终吸引更多的粉丝关注），可以达到互利共赢的目的。

1.　找到合适大号

大号互推的结果要求是双赢，所以在选择合作对象方面要慎重，要使双方都获得好处，这样才能维持长久的合作互推关系。那么，从自身方面来看，应该怎样选择适合的合作账号呢？

（1）大号是否名副其实

现如今，不同的平台不仅粉丝的数量有差异，粉丝的质量同样也是参差不齐，这就使得有些"大号"并不能称为真正意义上的大号，这也要求运营者对那些微信公众号账号有一定的判断和筛选的能力。

运营者可从新榜、清博等平台网站上的统计数据来查看其他公众号的阅读数、点赞数、评论数和转发率等数据。

图 8-5 所示为新榜平台科技类微信公众号账号的日排行榜单；图 8-6 所示为清博大数据网站的微信公众号账号总榜排名。

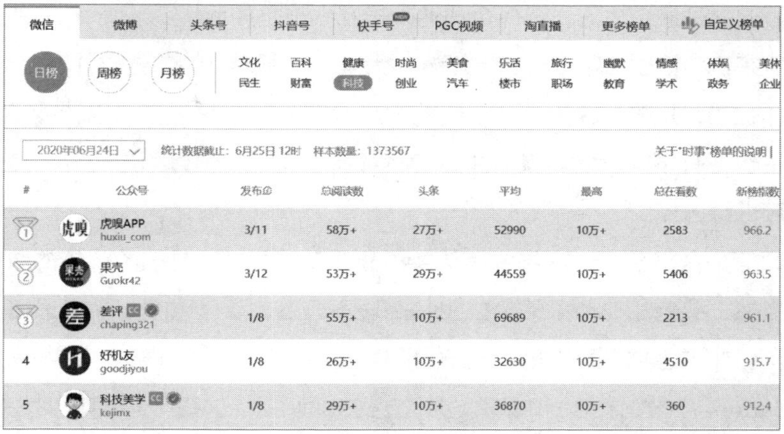

| | 微信 | 微博 | 头条号 | 抖音号 | 快手号 | PGC视频 | 淘直播 | 更多榜单 | 自定义榜单 |

日榜 周榜 月榜　文化民生　百科财富　健康　科技　时尚创业　美食汽车　乐活榜市　旅行职场　幽默教育　情感学术　体娱政务　美体企业

2020年06月24日　统计数据截止：6月25日12时　样本数量：1373567　关于"时事"榜单的说明

#	公众号	发布	总阅读数	头条	平均	最高	总在看数	新榜指数
1	虎嗅APP huxiu_com	3/11	58万+	27万+	52990	10万+	2583	966.2
2	果壳 Guokr42	3/12	53万+	29万+	44559	10万+	5406	963.5
3	差评 chaping321	1/8	55万+	10万+	69689	10万+	2213	961.1
4	好机友 goodjiyou	1/8	26万+	10万+	32630	10万+	4510	915.7
5	科技美学 kejimx	1/8	29万+	10万+	36870	10万+	360	912.4

图 8-5　新榜的微信公众号日榜排名

| 微信榜单 | 微博榜单 | 头条榜单 | 抖音榜单 | 快手榜单 | QQ榜单 | 微信视频号榜单 | 更多榜单 |

微信公众号 2020-06-24 总榜 数据说明

公众号 文章 视频　日榜 周榜 月榜　2020-06-24　分类 全部　地区 选择城市

排名	公众号	发文数	总阅读数	头条阅读	平均阅读	总在看数	WCI
1	占豪 zhanhao668	8	77W+	10W+	97128	50015	1477.06
2	润见 DJ00123987	8	72W+	10W+	90919	45489	1465.57
3	丁香医生 DingXiangYiSheng	10	88W+	30W+	88959	5492	1462.59
4	观察者网 guanchacn	24	146W+	30W+	61181	7264	1458.25
5	有书 youshucc	8	75W+	10W+	94092	36607	1448.60

图 8-6　清博大数据的微信榜单总榜

（2）账号定位是否相同

在选择合作互推的公众号账号时，要尽量选择和自己账号定位相同或者相关联的同类型、同领域、同分类的公众号，这样从对方那里吸引过来的粉丝群体才和自己账号原来的粉丝是相同类型的，才能保证粉丝的精准性。

（3）选择合适广告位

无论是线上还是线下的营销和推广，广告位都非常重要。特别要注意的是，不是最好的就是最合适的，选择合适的大号互推也是如此。

一般来说，植根于某一平台的新媒体大号，它所拥有的广告位并不是唯一的，而是多样化的，且账号权重越高、影响力越大的账号，其广告位也就越多，而效果和收费也各有不同。此时就需要运营者从自身需求、预算和内容等角度出发，量力而行进行选择。

在微信公众平台上，广告位有头条和非头条之分，这是按照广告的数量来收费的。当然，头条和非头条的价位也是明显不同的，头条收费自然是最贵的。除了这些呈现在内容推送页面的广告位以外，还有一些是位于推送内容中间或末尾的，如 Banner 广告（末尾）和视频贴片广告（中间）等，这些广告既可以按条收费，也可根据广告效果来收费。

图 8-7 所示为公众号"半佛仙人"在自己的公众号上发布文章推广自己的另外一个公众号"仙人 JUMP"，同时在"仙人 JUMP"的公众号上也宣传自己的"半佛仙人"公众号，通过建立账号矩阵，进行账号互推，实现快速涨粉。

图 8-7　公众号互推案例示范

2. 提升互推效果

在找到了互推资源并确定了一定范围内合适的互推大号后，接下来运营者要做的就是怎样最大限度地提升互推效果，也就是应该选择何种形式互推才能获取更多的关注和粉丝。

（1）筛选合作大号

最终确定互推的合作者是提升互推效果的关键环节，我们可以从两个方面去考查，即互推大号的调性和各项数据，具体分析如图 8-8 所示。

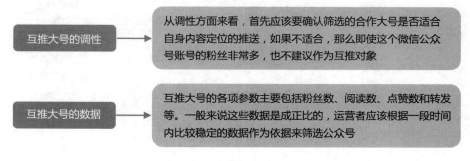

图 8-8　筛选互推大号分析

在通过对图 8-8 中两个方面的因素进行综合比较和分析之后，即可最终确定筛选结果，选定互推的合作大号了。不过笔者要提醒大家的是，不要忘记参考各个新媒体数据平台的账号排行榜，多方对比的结果更为准确。

（2）创意植入广告

事实证明，公众号如果强行互推，不仅达不到预期的效果，反而会引起用户的不满。运营者要想在文案中植入互推广告，必须把握两个字："巧"和"妙"。那么具体该如何做到这两点呢？有以下几个方法可供参考，如图 8-9 所示。

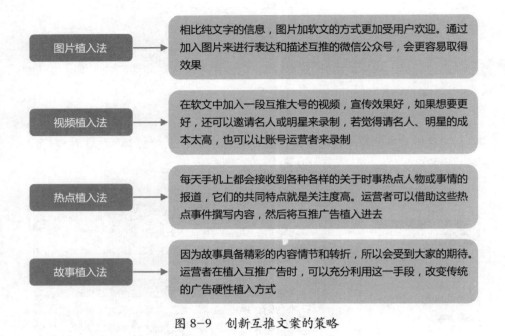

图 8-9　创新互推文案的策略

8.2.3　通过活动，快速涨粉

活动运营不单单是一个运营岗位，同时也是不断推出新产品的总指挥。无论线上线下，活动运营都是推广产品和引流的必备之选。

运营者可以通过在公众平台或者其他平台上开展各种大赛活动进行吸粉引流，这种活动通常在奖品或者其他条件的诱惑下，参与的人数会比较多，而且这种通过大赛活动获得的粉丝其质量比较高。

例如，公众号"人人钢琴网"通过举办"EOP造神计划"的活动来吸引用户和粉丝参与，以实现快速涨粉的目的。图 8-10 所示为该公众号活动详情的内容介绍。

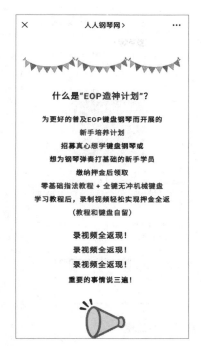

图 8-10　"EOP 造神计划"活动详情

8.2.4　借助热词，抢占流量

每当有热点或者热词等网络流行语出现时，都会在微信公众号等互联网平台进行广泛的传播，比如"小姐姐""小鲜肉""老司机"等。运营者可以在公众号文章的标题和内容中引入热词，利用人们搜索热词的习惯来吸引粉丝和流量，如图 8-11 所示。

最近火爆的热点热词莫过于芒果 TV 推出的综艺节目《乘风破浪的姐姐》了，几乎很多公众号作者都写了关于这个综艺节目的文章，所以该案例中的公众号运营者也不例外，他的文章标题是《乘风破浪的资本，深陷泥潭的姐姐》。在文章中，他以"乘风破浪的姐姐"这个话题为切入点分析节目火爆背后的原因，也延伸了一些其他的内容，表达了自己独特的观点和见解。借助这个热点热词，该公众号文章阅读量达到 10 万+，点赞量（在看）有 3 000 多人。

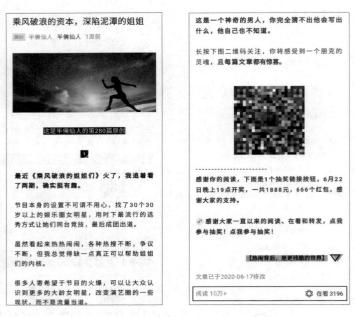

图 8-11　利用热词吸引流量

那么，这些热词是怎么来的呢？运营者可以关注百度热词，即百度搜索风云榜里的关键词，通常这类词语都是人们搜索最多的、影响最大的，而且热词每个月都会进行更新，排名越靠前代表搜索的热度越高。

那么，如何利用百度热词来进行引流呢？首先在电脑上打开"百度风云榜"，寻找热门关键词。从实时热点排行榜上我们可以看到哪些热点和关键词被搜索了，热词就是指搜索频率高的词语，然后运营者可以结合"热词"来发布软文进行推广和引流，具体过程如图 8-12 所示。

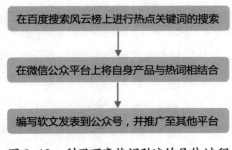

图 8-12　利用百度热词引流的具体过程

图 8-13 所示为百度搜索风云榜的官网首页。

图 8-13　百度搜索风云榜官网首页

8.2.5　硬件引流，营销利器

在微信公众号推广引流的过程中，运营者可以通过两种硬件设备来吸粉，即微信广告机和 Wi-Fi 路由器，提高引流的效果。

1. 微信广告机

微信广告机是一款硬件产品，可以通过加好友，群发消息，快速而精准地推广企业信息，现在很多企业都在用微信广告机做推广，如图 8-14 所示。

图 8-14　微信广告机

微信广告机的商业价值主要有以下 5 个方面。

（1）先进的多功能营销终端

创造"娱乐营销 + 体验营销 + 绑定营销"的微信营销方案，粉丝在体验时尚便捷的照片打印的同时就可以关注商家的微信公众号。

（2）全方位广告宣传

机身视频，图片广告，兼容广告机功能；软件可以更新升级，同步不断开发的新广告模式，可远程更新商家的广告；支持多内容模块的分类管理。

（3）照片广告互动宣传

微信广告机具备照片打印功能，而且打印手机照片还可以采用收费模式，增加收益。照片下端可印刷广告，粉丝关注商家微信公众号还会产生"长尾宣传"的效应，让商家的广告信息和品牌价值不断地传递给更多的人。

（4）快速提升品牌形象

通过微信广告机，用户可以快速制作自己的 LOMO 卡，提升了商品在用户心目中的形象。立足于娱乐体验与品牌互动的营销模式，不仅巩固了现有的品牌消费者，更能带动潜在消费者，实现品牌价值快速提升。

（5）微信吸粉利器

通过照片互动娱乐体验，让客户主动扫描二维码成为商家公众号的粉丝，以便更好地利用微信公众平台开展微信营销，从而提高商家的销售额和关注度。

2．Wi-Fi 路由器

第二种硬件设备就是可通过关注微信公众号实现 Wi-Fi 上网功能的路由器，这种吸粉方式特别适合线下商家，用 Wi-Fi 广告软件，可以将微信公众号吸粉发挥到极致。例如，WE-Wi-Fi 是一种基于微信公众号关注，实现"免费 Wi-Fi + 公众号关注即登录"的 Wi-Fi 上网与认证产品，如图 8-15 所示。用户无须重复认证上网操作，只要一直保持微信公众号的关注，下次到店即可自动连上 Wi-Fi 上网。

图 8-15　WE-WiFi 的 Wi-Fi 吸粉流程

8.2.6　虚拟求签，网络测试

微信公众号还可以利用求签、测试类的分享链接进行引流。在朋友圈里，经常会看到好友发各种各样的求签类的链接，这些求签的内容都比较简洁且吸引人。下面笔者用一个简单的例子来说明求签推广法的引流原则。图 8-16 所示为朋友圈里发布的新年签求签链接。

图 8-16　"新年签"求签链接

看到图 8-16 朋友圈发的求签链接，如果有人感兴趣的话，就会扫码关注公众号，来抽取自己的新年签，如图 8-17 所示。

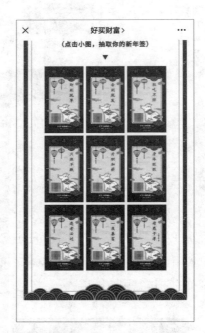

图 8-17　关注公众号抽取新年签

除了求签类的推广引流法之外，还有一种就是测试类的推广引流法，因为不管是求签还是测试，都是年轻人参与得比较多，因此一个新颖、吸引人的标题能够提高受众关注公众号的概率。

例如，图 8-18 公众号推出的"测测你是哪种口味的粽子"的测试推广活动，因为端午节的来临，所以该公众号的运营者便以粽子为主题来吸引受众的兴趣和注意力，受众通过扫描图片中的二维码即可进入测试，如图 8-18 所示。测试完成之后需要关注运营者的微信公众号才能查看测试结果，如图 8-19 所示。

图 8-18　扫码进入测试

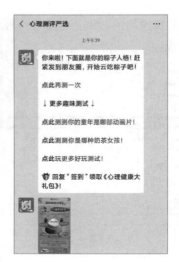

图 8-19　关注公众号查看测试结果

　　这种测试类引流推广方法的要点在于测试的主题或标题一定要吸引人，运营者可以借助当下热点来策划测试的主题，就像上面的案例中，把端午节传统节日和"乘风破浪"的热词完美地结合起来，成功地为公众号吸引了一大批流量。

8.2.7　网络论坛，宣传推广

所谓的网络论坛一般是指 BBS（Bulletin Board System），是一个关于技术交流的网络社交场所。目前，BBS 在国内的普及已经十分广泛，BBS 主要有以下 3 个特点，如图 8-20 所示。

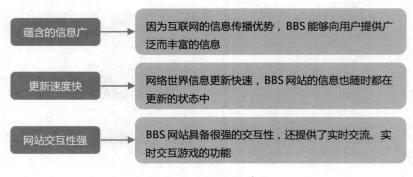

图 8-20　BBS 的特点

例如，学习类的 BBS 有大家论坛，如图 8-21 所示；综合类的 BBS 有技术宅社区，如图 8-22 所示。

图 8-21　大家论坛

图 8-22　技术宅社区

运营者可以根据自己公众号的主题，在网上寻找相关类型的 BBS 网站，然后在 BBS 发布内容进行推广引流。例如，针对女性人群的公众号，可以发布美容、时尚、购物以及情感类的信息，如果能够把普通帖发展成为热帖、精华帖、推荐帖、置顶帖的话，就能够吸引更多的人关注你的公众号。

> **专家提醒：** 大多数公众号的头像都是企业的 Logo，千篇一律，受众容易产生视觉疲劳。针对这种现象，运营者可以考虑把头像换成有特色、吸引人的。很多公众号头像非常有个性，这些头像都是经过艺术处理的，或文艺、或可爱、或有趣等，这样的头像往往更容易抓住用户的眼球。

8.2.8　线下渠道，进行宣传

线下推广的特点是投资高、回报低，虽然并不能确保每一个投放出去的广告都能收到效益，但是广告的投放是必需的。同理，虽然并不能保证所有用户都会扫描二维码添加微信公众号，但是运营者还是不能放过任何一个潜在的用户。下面是微信公众号线下推广引流的具体流程，如图 8-23 所示。

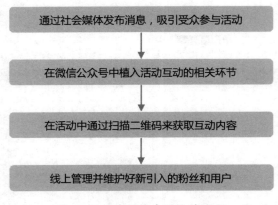

图 8-23　线下推广引流的流程

8.2.9　广告宣传，扫二维码

这种方法主要是在各种宣传广告中植入公众号的二维码，感兴趣的用户在看到广告内容后，通常会通过微信"扫一扫"功能来关注公众号的最新动态。运营者可以参考以下的方法进行操作，如图 8-24 所示。

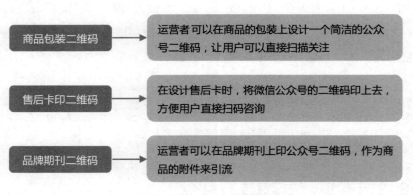

图 8-24　植入二维码的操作方法

8.3　公众号平台，转化方式

获得收益是每个私域流量运营者的最终目的，因此掌握一定的盈利方法是每个运营者必须具备的技能。本节笔者将介绍微信公众号的转化方式，帮助运营者实现公众号私域流量的获利。

8.3.1　软文转化，广告接单

软文广告是指微信公众平台运营者在公众号文章中植入软广告，以此来获得广告费，从而实现私域流量转化。

文章中软性植入广告是指文章里不会介绍产品、直白地夸产品有多好的使用效果，而是选择将产品渗透到文章内容中去，达到在无声无息中将产品的信息传递给消费者，从而使消费者能够更容易接受该产品。

软文广告形式是广大微信公众号运营者使用得比较多的盈利方式，同时其获得的效果也是非常可观的，下面我们就来看一个案例。

图 8-25 所示为微信公众号"十点读书"发布的一篇关于面膜产品推广的软文。作者以《乘风破浪的姐姐》这个综艺节目热点作为文章的开头，吸引对此感兴趣的粉丝阅读，最后在文章的结尾处附带有关产品的销售信息，只要粉丝点击商品链接购买即可获得收益。

图 8-25　公众号软文广告示例

> **专家提醒：**运营者从不同的角度进行文章的创意写作，可以增加读者的新鲜感。人们一般看到不常见的事物，往往会花费一点时间来钻研，从而就有可能耐心地通读全文，为产品的营销提供很好的帮助。
>
> 创意式软文的写作可以通过多种形式来实现，营造商品热卖和紧迫的氛围就是其中比较有效的方法之一。现如今，从事公众号内容创作的人越来越多，输出的文章也是五花八门、多如牛毛，受众已经产生了一定的审美疲劳感。所以，面对这种情况，运营者要想办法使自己的文章内容变得有创意，题材新颖，这样才能使自己的公众号在众多账号中脱颖而出。

8.3.2　广告转化，开通流量

流量主功能是腾讯为微信公众号量身定做的一个展示推广服务，主要是指微信公众号的管理者将微信公众号中指定的位置拿出来给商家打广告，然后收取一定费用的一种推广服务。图 8-26 所示为"超乎想象"公众号在文章底部的广告区给游戏"生存挑战"打的流量广告。在微信公众号的特定位置，展示商家广告，然后根据点击量进行收费，这就是流量广告的盈利方式。

图 8-26　流量广告示例

想要获得流量广告收益，微信公众运营者首先要开通流量主功能，在微信公众号的"推广"选项区中点击"流量主"文字链接，如图 8-27 所示；进入"流量主"页面，如图 8-28 所示。

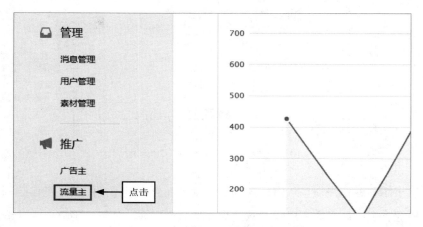

图 8-27　点击"流量主"文字链接

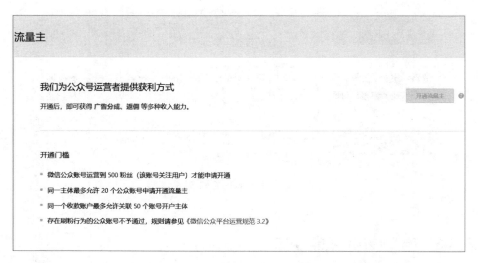

图 8-28　"流量主"申请开通页面

　　运营者单击"申请开通"按钮，就能进入开通页面，如果没有达到相关要求，则不能开通流量主功能，平台会跳出"温馨提示"对话框，如图 8-29 所示。

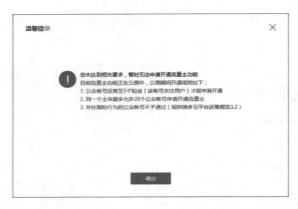

图 8-29   "温馨提示"对话框

对于想要通过流量广告进行盈利的运营者而言，最重要的就是把自己的用户关注量提上去，只有拥有足够大的公众号私域流量池，才能开通流量主功能进行盈利。关于关闭流量主功能、屏蔽广告等一些相关说明，如图 8-30 所示。

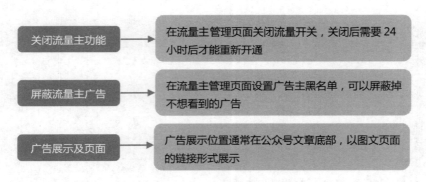

图 8-30   流量主广告的相关说明

8.3.3 电商转化，微信小店

2014 年 5 月 29 日，微信公众平台正式推出了"微信小店"，功能包括添加商品、商品管理、订单管理、货架管理、维权等，运营者可使用接口批量添加商品，快速开店，挖掘私域流量的购买力，通过微信小店销售产品来实现盈利。

图 8-31 所示为"印美图"的微信小店。据悉，其首款产品上线仅 6 天，销售额就突破 100 万元，成为微信小店首个收入破百万的产品。

图 8-31　微信小店示例

开通微信小店的前提条件是必须开通微信支付，如图 8-32 所示；公众号接入微信支付的申请材料如图 8-33 所示；申请费用及流程如图 8-34 所示。

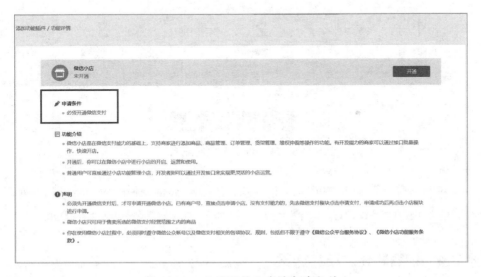

图 8-32　开通微信小店的申请条件

图 8-33　接入微信支付的申请材料

图 8-34　申请费用及流程

对微信官方而言，"微信小店"将丰富微信和微信支付的应用场景。运营者在微信公众号中搭建自己的电商平台，还有助于扩展公众账号的业务范围。

8.3.4　内容转化，粉丝赞赏

为了鼓励优质的微信公众号内容创作者，微信公众平台推出了"赞赏"功能，帮助运营者将高质量的私域流量快速获利。目前，微信已经淡化"赞赏"二字，而是将其改为"喜欢作者"，这也体现了微信平台对优质内容创作者的重视，如图 8-35 所示，受众可以对喜欢的公众号作者选择合适的金额进行打赏。

图 8-35　微信赞赏功能

运营者想要开通微信赞赏功能，需要经历两个阶段，如图 8-36 所示。

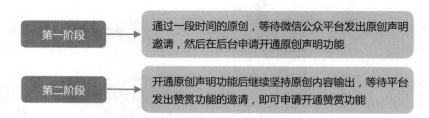

图 8-36　开通赞赏功能的两个阶段

运营者如果符合开通要求，那么只需在赞赏功能开通页面点击"开通"按钮，即可申请开通赞赏功能，如图 8-37 所示。

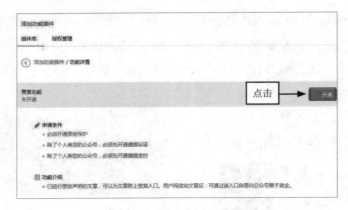

图 8-37　赞赏功能开通页面

8.3.5　服务电商，售卖服务

很多运营者通过微信公众号向自己的粉丝售卖各种服务，来达到私域流量转化的目的。这种转化方式与内容电商的区别在于，服务电商出售的是各种服务，如打车、住酒店、买机票等，而不是实体商品。

例如，"木鸟民宿"公众号就是一个典型的服务电商平台，可以为用户提供民宿预订服务。在公众号内容页面中通过精美的图文展现景区攻略、民宿房源和价格等信息，用户可以直接点击图片跳转到小程序下单，如图 8-38 所示。

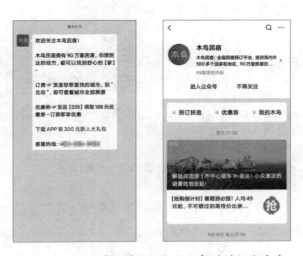

图 8-38　"木鸟民宿"公众号和相关的服务内容

8.3.6　商品返佣，分销产品

商业广告转化除了发布软文之外，还有一种方式就是直接打硬广告。运营者通过在公众号上发布有关商品介绍的文章来分销商品，如果粉丝点击商品链接并购买了商品，运营者就能得到相应的佣金。图 8-39 所示为公众号"蕊希"为 HFP 品牌推广分销产品的文章内容。

图 8-39　通过分销商品赚取佣金转化

8.3.7　知识付费，售卖课程

微信公众号还有一种非常热门的转化手段，那就是知识付费。如果运营者自身具有某个领域的专业知识或技能的话，便可自己开发课程，通过在自己的微信公众号上向粉丝出售课程来获取收益，如图 8-40 所示。

图 8-40　通过出售课程转化

8.3.8　交易平台，账号转让

转让账号是微信公众号转化最直接的一种方法，运营者可以通过网上的公众号交易平台转让、出售自己的微信公众号，比较有名且可靠的交易平台有新榜、鱼爪网等。图 8-41 所示为鱼爪网公众号交易页面。

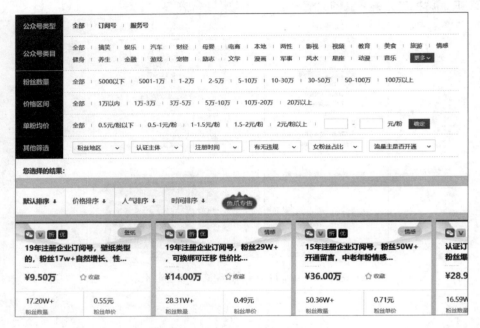

图 8-41　鱼爪网公众号交易页面

不过，这种转化方式只适用于那些有一定粉丝量和影响力的大号，对于新手账号而言并没有多大的利益价值。笔者建议不要轻易出售自己的账号，公众号运营起来不容易，将自己的账号转让虽然可以快速获得一笔不菲的收入，但是也失去了持续转化的机会和能力，这种"杀鸡取卵"的行为从长远来看是不可取的。

第 9 章

社群运营，流量裂变

　　微信社群是微信四大私域流量池之一，是私域流量运营者必须经营的流量场所。本章主要介绍微信社群引流、社群裂变、社群运营、社群转化获利的一系列关于社群私域流量的玩法，帮助大家做好社群私域流量的运营。

9.1 社群营销，运营经济

运营者要通过社群实现转化，必须构建自己的私域流量，同时做好社群运营工作，只有通过社群为用户带来真正的价值，用户才有可能为你买单。

然而，很多人在做社群营销时，存在一种普遍的误区，那就是将"粉丝经济"与"社群经济"画上等号。而事实上并不是这样，运营者只要掌握了以下3大关键就能很好地打破"粉丝经济＝社群经济"的观念，进一步了解社群营销的本质，从社群运营走入社群经济，有效地转化社群里的私域流量。

9.1.1 产品体验，内容传播

如今，我们已经身处一个社交红利时代。在这个时代里，只要有谁懂得社交、懂得传播，就能够掌握商业流量的先机。就像"罗辑思维"，如若不是它在社群中蕴含了以下3点重要因素，也不会被广泛追捧，如图9-1所示。

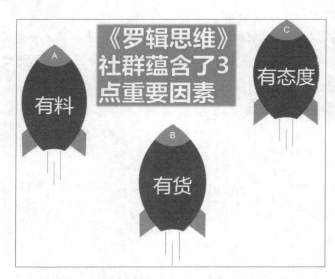

图 9-1 "罗辑思维"社群蕴含了3点重要因素

苹果如若不是把手机做得那么极致，也不会产生庞大的粉丝经济；MyBMWClub 如果没有把它的服务做到极致，也不可能有 20 万人级别的社群影响力。如果那些在社群营销中尝到甜头的企业，没有将产品或服务体验做到极致，那么它们的所作所为只是在割用户韭菜而已。

由此可知，将产品或体验做到极致在社群营销中是非常重要的，鉴于前面的成功经验，我们应该学习那些社群前辈的运营思维，以社群思维为核心，为自己的社群成员提供符合自己产品的极致体验。

当然，单单只是将产品或体验做到极致是不够的，运营者还得学会传播。很多人会误认为社群营销不需要传播，传播会容易使社群成员产生反感心理。其实不然，如果运营者不去传播，怎能将新产品展现在社群成员面前呢？那社群成员又怎么能知道产品的好处、全面了解产品呢？

所以，传播一定要有，只是要注意传播方法的问题，运营者可以将传播嵌入到社群活动中，让社群成员在活动中了解到产品的信息；也可以像《罗辑思维》一样，将传播做到产品中，每日 60 秒，在说书的过程中推荐产品，社群成员通过回复当天的关键词就能获得 630 秒的详细内容，这样的传播方式更容易让人接受。

由此可以说明，在社群营销中："极致的产品体验＋用心的内容传播"是一对重要的组合，虽然它们不一定是决定社群营销成功的关键，但是没有这样的一个组合，社群营销是很难成功的。

9.1.2　粉丝经济，社群经济

很多人都会容易混淆粉丝经济与社群经济，认为"粉丝经济＝社群经济"，其实这样理解是不准确的。任何企业品牌都会有属于自己的粉丝，但如果仅仅停留在粉丝这个层面，那么无非就是把以前的忠实用户的称呼换一种说法而已。

对于私域流量运营者来说，只有经营粉丝经济却没有依靠粉丝经济的说法，而社群经济就是将不同类别的人聚集在一起，可谓海纳百川，这些人有一个共同的核心，那就是对运营者的黏性比较高，如图 9-2 所示。

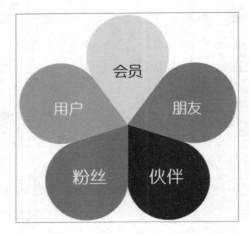

图 9-2　社群经济中包含的人群

运营者只有完成从客户到朋友的转变，才能建立起一个有价值、参与性强的社群，如图 9-3 所示。

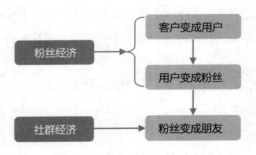

图 9-3　客户到朋友的转变

在互联网的冲击下，有许多没有组织的人在网络中游荡，运营者需要将其中适合自己产品的人群聚集起来，经过一段时间的筛选和过滤，获得最忠诚的社群成员和朋友，搭建起高质量的社群私域流量池。

9.1.3　社群重点，在于运营

在所有的微信生态中，社群这种形态最适合用来承接私域流量的营销价值。相对于点对点沟通触达的微信个人号而言，社群具有半开放性的特点，不仅可以提高沟通的效率，而且还能够减轻社交压力，增加用户的互动量，从而促进转化。

当然，社群营销的重点还是在于运营，只有运营得当，才有可能让社群不断发展壮大，将社群中的私域流量进行转化。

1. 从小出发

很多人的社群营销之所以成功，是因为他们从小出发，将自己的进群范围缩小、将态度和主张体现出来，从而产生小众的人格魅力，使得粉丝、用户因为认同运营者的魅力而聚集在一起。

2. 学会连接

随时随地连接社群人群是社群运营必须要做的，只有这样的社群营销才能与社群成员建立起不可磨灭的感情。如果运营者不重视连接，那么他的社群必定不会是一个成功的流量转化渠道，只会是一个供人闲聊、消遣的娱乐场所而已。因此，运营者要学会连接社群成员，与他们打成一片，成为彼此的好朋友、好伙伴。

3. 需要凝聚力和筛选

社群在刚开始运营时，社群成员有可能是不专业的，他们需要在运营者的带领下才能长久地聚集在一起，不然很容易出现流失，没有凝聚力。如果一个社群连凝聚力都没有，那么这个社群并不是一个整体，而是一盘散沙。

因此，运营者在建立社群的初期，需要提出某个点，使得人们因为这个点而聚集在一起，并且运营者还要与聚集起来的人群进行互动交流，走进社群成员的生活中，这样才能将社群运营起来。

运营者需要注意的是学会筛选，不能只将注意力放在人多的情况下，而是需要将注意力放在人群质量上，学会在社群里"取其精华，去其糟粕"，筛选出质量高的社群成员，这样才能使社群氛围越来越好，这种私域流量的价值才会更高。

9.2 社群引流，涨粉技巧

社群在各行各业中的作用越来越明显，运营者利用社群与用户进行互动和沟通，不断挖掘和传播品牌价值，给用户提供更好的服务，创造商机。在社群私域流量的运营过程中，最重要的就是粉丝的积累，只有积累了足够多的粉丝，才能实现社群的真正价值。

9.2.1　线下沙龙，聚集人群

沙龙是一群志趣相投的人在一起交流的社交活动。沙龙活动具有以下几个特点，如图 9-4 所示。

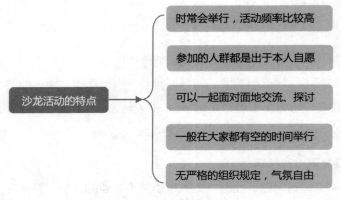

时常会举行，活动频率比较高

参加的人群都是出于本人自愿

沙龙活动的特点　可以一起面对面地交流、探讨

一般在大家都有空的时间举行

无严格的组织规定，气氛自由

图 9-4　沙龙活动的特点

运营者在参加沙龙活动，进行线下引流之前，还需要明确以下几点。

1. 选择自己喜欢的沙龙

运营者要参加自己喜欢的沙龙活动，这样参加沙龙就不会变成一件费时、费力的事，引流效果也会更好。

2. 选择符合类型的沙龙

只有参加符合自己社群类型的沙龙活动，运营者才能成为焦点，才能吸引到目标人群用户。

3. 选择和产品匹配的沙龙

引流不能只看数量不看质量，要选择和经营产品匹配的沙龙，这样吸引的粉丝会更精准。

运营者应该知道，为社群引流的目的是让更多的潜在客户转变成自己的私域流量，要做到这一点，以上提到的几点就一定要清楚，这是进行线下引流的前提。

下面笔者给大家提供两点在参加沙龙活动时的引流技巧，如图 9-5 所示。

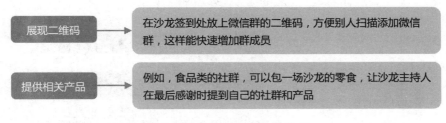

图 9-5　参加线下沙龙的技巧

9.2.2　创业活动，展示自己

运营者通过参与创业活动来引流是一种不错的引流方式，就拿微商创业大赛来说，这是一个展示自己的绝佳舞台，可以让大家看到你的各种优势，将这样的比赛利用起来，并积极参与互动的环节，让来看比赛的人都能记住你，自然会有人主动加入你的社群。图 9-6 所示为某地区微商创业大赛的活动现场。

图 9-6　微商创业大赛活动现场

9.2.3　门店引流，减少流失

针对有实体店的运营者来说，社群最大的好处就是可以把陌生客户圈养起来，不管认识熟悉与否，只要加了微信群就能做生意。这样，店铺的流失率就能控制在最小的范围内。实体店是一种很好的线下引流渠道，运营者一定要好好利用这个资源。以下是实体店线下引流的优势，如图 9-7 所示。

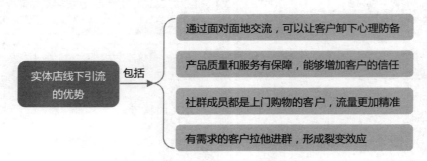

图 9-7　实体店线下引流的优势

例如，兴盛优选就是一个通过社群来管理用户的平台，依托社区实体便利店，通过"线上下单 + 线下自提"的模式来帮助用户解决各种家庭消费的日常需求，如图 9-8 所示。兴盛优选的社群营销模式，不仅为实体门店带来了极大的流量，获得更多额外的增量收入，而且也为消费者提供了更好的购物体验。

图 9-8　兴盛优选的实体门店社群示例

接下来，笔者讲解实体店线下引流的具体方法，如图 9-9 所示。

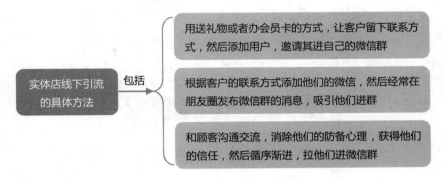

图 9-9　实体店线下引流的具体方法

9.2.4　QQ 空间，说说引流

QQ 空间自 2005 年上线以来，备受广大 QQ 用户的喜爱，在微信朋友圈火爆之前，我们倾诉心事、分享生活最常用的方式就是发说说。

而且 QQ 空间相比微信朋友圈而言，具有很大的开放性，朋友圈的动态只有微信好友才能看到，而 QQ 空间只要没有设置权限，非好友的用户也能够看到。所以，运营者可以通过发说说的方式，将 QQ 空间的流量引流到微信群，如图 9-10 所示。

图 9-10　利用 QQ 空间的说说进行引流

9.2.5 发朋友圈，进行引流

虽然微信朋友圈相对于 QQ 空间来讲比较封闭，但是如果微信群运营者的个人微信里面好友基数足够大的话，那朋友圈就是一个绝佳的流量入口，运营者可以通过在朋友圈分享微信群二维码名片来引流，如图 9-11 所示。

图 9-11　通过朋友圈分享进行引流

9.2.6 搜索引擎，网站引流

除了常见的线上线下引流方法之外，还有一种非常实用有效的引流方法，那就是利用网站为社群引流。百度是全球最大的中文搜索引擎，其平台上的用户流量是非常巨大的，运营者可以先建设网站，然后通过优化网站排名来吸引浏览量，在网站的内容模块中加入微信群二维码，把网站上的流量引导至微信群中。

例如，某小说微信群的运营者为了给自己的社群吸粉，特地建了一个网络小说搜索引擎网站，如图 9-12 所示。

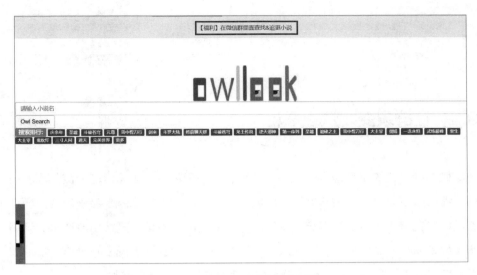

图 9-12　网络小说搜索引擎

　　首先，通过为用户提供精准快速的电子书资源搜索服务体验来获得用户的喜爱和认可，然后再在网站中加入社群二维码引导用户加群，如图 9-13 所示，这样用户更愿意加入群聊。

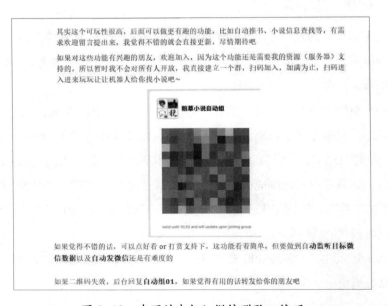

图 9-13　在网站中加入微信群聊二维码

> **专家提醒：** 不过，笔者要提醒大家的是，因为用户是根据关键词来搜索网站的，所以网站的类型必须和微信群的类型或运营的产品相关，这样才能保证从网站引流到微信群中的流量是精准的。

9.3 社群裂变，快速增粉

微信社群的流量获取模式主要有两种，上一节笔者讲了微信群引流的涨粉技巧，那么接下来笔者就讲微信群获取流量的另一种模式，那就是流量裂变。所谓流量裂变就是靠现有的社群流量来实现增粉的目的，不论是直接引流还是流量裂变，都是以"利益价值"为前提的，如果你的社群对受众来说没有价值，那他就不会加群，也不会邀请新成员入群，更不会帮你转发、推广群聊。

所以，想要实现社群流量的裂变，就得给粉丝提供有价值的东西，通过利益和好处来诱使他们自发地进行社群的传播，通过以老拉新的方式为你的社群不断邀请新成员，注入"新鲜血液"。

9.3.1 把握心理，满足人性

追逐利益是人的天性，同样，虚荣心也是人性的一种。要想群成员进行裂变，运营者可以从人性的角度出发，把握他们的心理，满足他们的虚荣心，让他们觉得转发和分享很有面子，充满荣誉感。

趣味小测试是朋友圈好友经常秀的内容之一，因为测试的结果能让他们产生一种优越感，觉得自己很特别，例如情商测试、爱情测试、性格测试等。这种测试类的小程序之所以广受欢迎，是因为运营者准确地把握住了人们爱炫耀的心理。

所以，运营者可以让群成员分享转发自己在社群所取得的成就和收获，附带上微信群的二维码，同时送出一定的加群福利，这样不仅能吸引潜在的粉丝加群，还能满足群成员的心理需求，增强他们的用户黏性。

只有满足人性，才能发动群成员进行推广和传播，实现社群流量裂变，扩大社群的私域流量池。

9.3.2 流量裂变，3 种形式

社群裂变的本质实际上是社交关系链的设计，而它的裂变形式主要有 3 种，如图 9-14 所示。

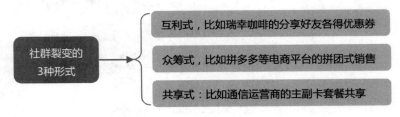

图 9-14 社群裂变的 3 种形式

9.3.3 增粉裂变，4 种方式

我们做社群裂变只需要解决一个本质问题，那就是如何让现有的群成员给你介绍新的粉丝成员，关于这个问题的答案其实笔者前面已经提到过了，那就是利益。只要你给他们好处，并且这些好处对他们有足够大的吸引力，就能使他们产生社群裂变的动力，然后再通过合适的活动形式传播出去，最终实现社群流量裂变。

弄清楚社群裂变的关键后，接下来笔者给大家介绍几个常用的社群裂变的方法，具体内容如下。

（1）拉人入群，按邀请人数奖励红包现金。

（2）群内讲课，分享知识，不断输出有价值的内容。

（3）借助平台，利用平台功能送优惠、福利。

（4）分销代理，招代理，让群成员一起卖产品、分利润，这也是微商运营的主要模式。

9.3.4 裂变玩法，具体流程

社群裂变就像病毒细胞分裂一样，其引流效果非常显著。下面笔者讲解社群裂变的具体流程，不过在这之前，笔者先带大家来了解一下社群裂变的 3 个优势，如图 9-15 所示。

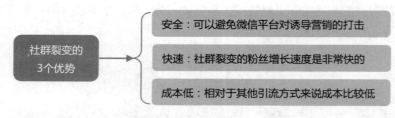

图 9-15　社群裂变的 3 个优势

下面我们来看社群裂变的具体流程，如图 9-16 所示。

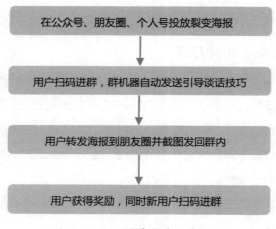

图 9-16　社群裂变的具体流程

9.3.5　社群裂变，注意事项

在进行社群裂变的过程中，我们要注意流量裂变一些常见的问题和注意事项，只有把握这些细节，才能最大限度地发挥社群裂变的引流效果。

1. 确定种子用户

首先，运营者必须培养一定基数的种子用户，只有在拥有种子用户的基础上，才有实现社群裂变的可能。种子用户其实就相当于投资理财的本钱，要想鸡下蛋，首先得养鸡。其次，种子用户的精准程度也很重要，他们的精准程度决定了社群裂变的流量精准程度。

2. 策划裂变素材

策划裂变素材分为两个部分：一是设计裂变海报；二是准备转发福利。裂变海报是转发到朋友圈、公众号、个人号给目标用户看的；转发福利是指在群成员完成转发裂变任务后，给予一定的奖励和福利。

在设计裂变海报时，运营者要从用户的实际需求出发，牢牢抓住用户的痛点，这样才能吸引新用户进群，但要注意的是不能过分夸大内容价值和事实。下面我们一起来看两个裂变海报的参考案例，如图 9-17 所示。

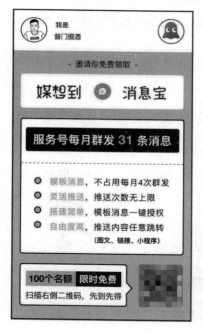

图 9-17　裂变海报参考案例

3. 准备说话技巧模板

社群裂变的说话技巧主要包含 4 种：入群说话技巧、审核说话技巧、提醒说话技巧、"踢人"说话技巧，下面笔者逐一地进行分析。

（1）入群说话技巧

入群说话技巧是指新用户进群时，群机器人自动@用户所发的说话技巧，其内容主要包括两部分：第一部分是表示对新用户的欢迎，介绍活动任务；第二部分则是给用户准备的转发文案和裂变海报。

（2）审核说话技巧

审核说话技巧是指在用户完成转发任务，在群里发了截图证明后，群机器人自动审核并告知用户审核结果，根据结果决定是否发放奖励。

（3）提醒说话技巧

如果某些用户没看到转发任务的消息或忘记了做任务，群机器就会提醒用户记得完成任务。当然，还有一种情况，那就是机器人检测到用户无意中进行了敏感的发言，从而对他进行提醒。

（4）"踢人"说话技巧

当群机器人检测到用户违反群规定，比如在群里打广告等，这时机器人就会自动将该用户踢出群，并发送通知告知群内成员。

4．后台设置要点

在使用社群裂变工具进行活动的设置时，要注意以下几个问题，如图9-18所示。

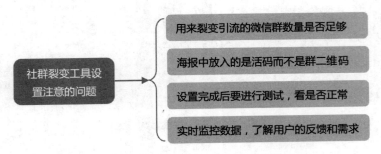

图9-18　社群裂变工具设置要注意的问题

5．裂变常见问题

下面是笔者根据自身的实践经验总结出的一些关于社群裂变的常见问题，具体内容如图9-19所示。

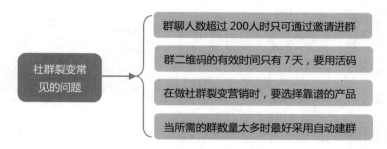

图 9-19　社群裂变的常见问题

因为微信群的人数超过 200 人就不能通过扫码进群了，如图 9-20 所示。再加上群二维码名片的有效时间只有 7 天，所以一般在裂变海报中是放活码。活码顾名思义是动态的二维码，而群二维码是静态二维码，采用活码引流就能够很好地解决微信群二维码所存在的问题。

图 9-20　微信群扫码添加限制

9.3.6　借助工具，提高效率

既然要进行社群裂变引流，就少不了要借助工具和素材网站来提高工作效率，比如制作活码需要二维码生成器，设计海报需要图片编辑器。这里笔者给大家推荐两个二维码制作平台和两个在线图片编辑网站。

1. 草料二维码

草料二维码是国内专业、免费的二维码生成网站。下面是草料二维码生成器官网的页面展示，如图 9-21 所示。

图 9-21　草料二维码生成器

2. 第九工场

这是一个偏重于艺术型二维码的网站，它的特点是模板多，并且做了主题、行业、节假日与风格 4 种分类。除此之外，在使用场景上，还分为公众号二维码、海报、微信名片等，如图 9-22 所示。

图 9-22　第九工场

3. 图怪兽

图怪兽作图神器是一个在线图片编辑平台，为用户提供海量的图片素材模板以及设计元素，如图 9-23 所示。

图 9-23　图怪兽

4. 创客贴

创客贴是一款简单方便的图形编辑和平面设计工具，它具有多个操作平台的版本，包括网页版、苹果手机、平板、安卓版以及 PC 端。图 9-24 所示为创客贴官网的模板中心。

图 9-24　创客贴

除了活码制作和海报设计工具外，还需要有一款好的社群裂变工具，市场上的社群裂变工具有很多，这里笔者就不推荐了，大家根据自己的实际需求去选择。不过，一款好的社群裂变软件必须具备以下3个基本功能，如图9-25所示。

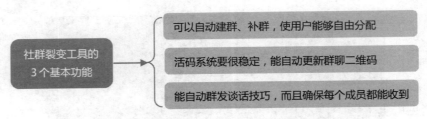

图9-25　社群裂变工具的3个基本功能

除了这3个基本的核心功能以外，社群裂变工具还具有其他的辅助功能，具体内容如下。

（1）自动回复功能。群成员在群里发送特定的关键词，就可以收到运营者设置好的内容消息，能提高沟通的效率，解决回复不及时的问题。

（2）批量修改群公告。批量修改群公告功能可以快速地将重要的信息传递给每一位群成员。

（3）自动踢人和拉黑。当群成员进行某些敏感操作或发广告时，就会被移除群聊，严重的甚至会被加入黑名单，永远不能加群。

（4）数据监控和统计。只有统计活动的相关数据，才能进行数据分析，评估社群裂变的引流效果，对社群运营进行优化和改进。

（5）根据标签进行分组。当社群数量有很多时，可以设置标签对相同类型的群进行分组，这样方便更好地管理。

9.4　社群运营，完全攻略

讲完社群营销、社群引流、社群裂变之后，接下来笔者介绍社群该如何来运营。其实社群引流、裂变都是社群运营过程的一部分，完整的社群运营应该包含5个步骤，如图9-26所示。

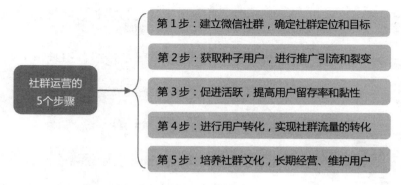

图 9-26　社群运营的 5 个步骤

关于微信社群的定位，从群名称中就能体现出来，如图 9-27 所示。

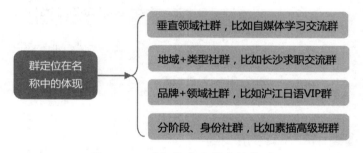

图 9-27　群定位在名称中的体现

所以，一个清晰的群名称能让别人一看就知道你的社群是干什么的，这样有利于吸引精准的用户流量。

9.4.1　促进社群，活跃方法

在把用户引流到微信社群之后，接下来我们要做的就是促进社群活跃，提高用户互动的积极性。那么，提高社群活跃气氛的方法究竟有哪些呢？下面笔者根据自身的经验提供几个促进社群活跃的方法，以供大家参考借鉴，如图 9-28 所示。

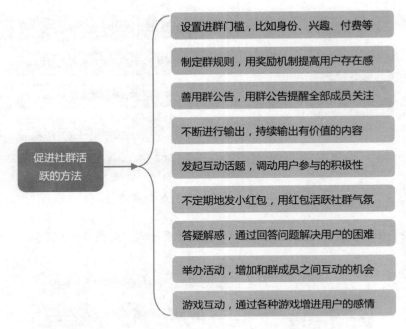

图 9-28　促进社群活跃的方法

9.4.2　提高用户，转化技巧

我们做社群私域流量运营的最终目的是进行用户转化、实现流量转化获利，而要想达到这个目的首先得满足两个条件：一是获得用户的信任；二是解决用户的需求和痛点。接下来笔者讲述提高用户转化率的技巧。

关于提高社群用户转化率的技巧主要有 4 个，具体内容如下。

（1）树立个人权威，打造正面人设，增加信任背书。

（2）满足用户需求，抓住用户痛点，解决用户问题。

（3）提供增值的附加产品或服务，不断为用户提供价值。

（4）举行限时的优惠促销活动，营造紧迫的气氛。

9.4.3　社群文化，增强稳定

公司为什么要建设企业文化？很大一部分原因是为了培养员工对企业的认同感、归属感和荣誉感，更重要的是企业文化具有价值导向、凝聚人心、规范行为、激励奋发等作用，能在一定程度上降低员工的流失率，增加企业的营收额和利润，使企业向更好的方向发展。

同样的，微信社群也需要培养社群文化，社群文化能帮助运营者筛选出具有共同价值的精准用户，增强用户黏性，维持社群的稳定，增加用户的归属感和参与感，减少用户的流失，有利于社群的长期运营。

建设社群文化，不只是运营者一个人的事情，而是需要社群全体成员的共同努力，这样才能使社群得到更好的发展。

9.4.4　运营工具，事半功倍

不仅社群裂变引流需要借助工具，社群的运营管理也需要借助工具。下面笔者就来给大家推荐两款非常好用的社群管理工具。

1. 涂色企服

涂色企服是一个企业级微信社群运营管理系统，专注于解决社群管理难题，帮助企业快速打造私域流量。图 9-29 所示为涂色企服后台管理系统登录界面。

图 9-29　涂色企服后台管理系统

2. 火把小助手

火把小助手是一款专业的微信社群管理工具，让社群管理更高效、更轻松。

图 9-30 所示为火把小助手的产品介绍页面和购买页面。

图 9-30 火把小助手的产品介绍页面及购买页面

9.5 社群获利，盈利机器

运营者想要通过社群盈利，实现私域流量转化，就必须了解社群盈利的方式。本节笔者将为大家介绍社群服务、会员收费、社群广告等几大重要的转化模式，帮助运营者在私域社群运营大流中收获红利。

9.5.1 电商获利，社交电商

运营者可以通过自建线上电商平台来提升用户体验，砍掉更多的中间环节，通过社群把产品与消费者直接绑定在一起。社群电商平台主要包括 App、小程序、微商城和 H5 网站等，其中"小程序 + H5"是目前的主流形式，可以轻松实现商品、营销、用户、导购和交易等全面数字化。如图 9-31 所示，为兴盛优选的 H5 店铺和小程序店铺界面，可以方便社群用户快速下单。

然而，很现实的一个问题是，许多运营者依靠自身的力量是无法打造线上电商平台的。这主要是因为有两大难题摆在了运营者面前：一是没有足够的资金搭建；二是没有足够的流量。当然，这两个难题实际上是一个问题，那就是难以建立有影响力的线上电商平台。

通过"小程序＋H5"打造双线上平台，企业和商户们可以在线上商城、门店、收银、物流、营销、会员、数据等核心商业要素上下功夫，构建自身的电商生态，对接社群的私域流量，打造"去中心化"的社交电商转化模式。

图 9-31　兴盛优选的 H5 店铺和小程序店铺界面

除了自建电商平台外，运营者也可以依靠有影响力有流量的第三方平台，在其中推出直营网店，或者发展网络分销商来进行私域流量转化。例如，微盟就是一个社会化分销平台（Social Distribution Platform，SDP），为客户提供零售行业全渠道电商整体解决方案，如图 9-32 所示。

图 9-32　微盟的社会化分销平台

　　微盟的 SDP 模式可以帮助零售企业解决分销商管控、库存积压、利益分配和客户沉淀等难题，具有以下 5 大价值，如图 9-33 所示。

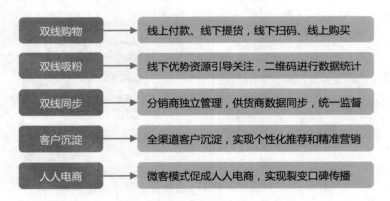

图 9-33　微盟 SDP 模式的 5 大价值

9.5.2　广告获利，用户流量

　　在社群经济时代，我们一定要记住一个公式"用户＝流量＝金钱"。同公众号和朋友圈一样，有流量的社群也可以用来投放广告，而且效果更加明显，转化率也相当高，同时群主能够通过广告的散布实现快速营收。

社群是精准客户的聚集地，将广告投放到社群宣传效果会更好，运营者可以多找一些同类型的商家合作。社群广告转化的技巧，如图 9-34 所示。

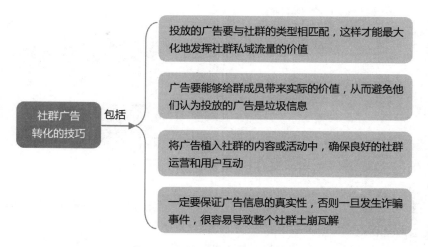

图 9-34　社群广告转化的技巧

对于那些管理非常优秀的社群来说，适当的广告投放不失为一种快速转化的好方法。当然，广告主对于社群也非常挑剔，他们更倾向于流量大、转化高的社群，这些都离不开运营者的用心管理。

9.5.3　社群会员，付费转化

招收付费会员也是社群运营者获利的方法之一，付费会员享有普通会员没有的权益，如图 9-35 所示。

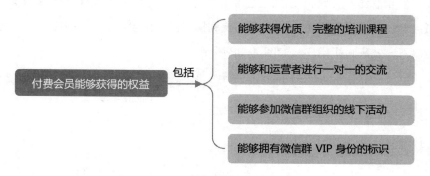

图 9-35　付费会员能够获得的权益

除了以上的一些特权之外，付费会员还可以参与群内部的一些项目筹划、运营工作，能够与社群的领军人物成为好朋友，达成长远的合作关系，还能共享各自优质的资源，如图 9-36 所示。

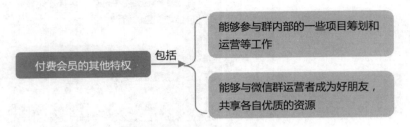

图 9-36　付费会员能够获得的其他特权

社群做得比较好的如"罗辑思维"，就曾经推出过付费会员制，其具体的收费模式如图 9-37 所示。

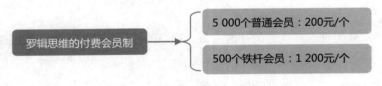

图 9-37　"罗辑思维"的付费会员制

"罗辑思维"这个看似收费昂贵的会员收费制度，其名额却在半天就售罄了。"罗辑思维"为什么能够做到这么牛的地步，主要是运用了社群思维来运营私域流量，将一部分属性相同的人聚集在一起，形成一股强大的力量。

"罗辑思维"在运营初期的主要任务也是积累粉丝，因为只有积累了足够的私域流量，才能厚积薄发，为后期的获利提供雄厚的基础，"罗辑思维"主要是通过以下方式来吸引用户，如图 9-38 所示。

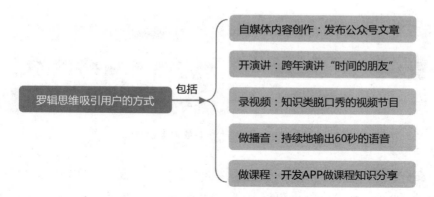

图 9-38 "罗辑思维"吸引用户的方式

图 9-39 所示为"得到"App 上"罗辑思维"课程的内容详情页面。

图 9-39 "得到"App 上的"罗辑思维"课程

　　等粉丝达到了一定的数量之后，"罗辑思维"便推出了付费会员制度。对于"罗辑思维"来说，实行付费会员制度不仅仅是为了盈利，还有另外以下 3 个目的，如图 9-40 所示。

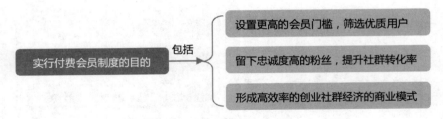

图 9-40　实行付费会员制度的目的

　　实行会员制能够为社群筛选出更为精准的人际圈。很多运营者在运营社群的过程中会发现，社群在壮大的同时也掺杂了许多水分，例如很多人从来不在群里露面，也从来不参与群主发起的互动。这时，运营者需要从自身找原因，也要从群成员的角度找原因，看看是因为什么导致他们不够活跃。

　　如果是运营者自身的原因，则需要改变运营策略，做出相应的调整。例如，运营者发现群里有很多人经常发布与群主题无关的内容，以致影响到其他群友的体验感。这个时候，运营者就可以制定群规，规定群成员不能发布与社群领域无关的内容，否则第一次予以警告，再犯踢出群聊。

　　如果运营者发现是群成员的问题，比如有些群成员并不适应该群的运营方式，同时也不能对社群做出任何贡献，那运营者就可以通过会员收费的模式来给自己的社群设置更高的门槛，具体方法如图 9-41 所示。

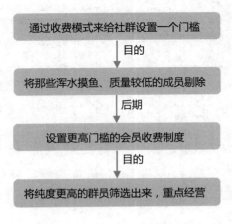

图 9-41　通过会员制度管理社群

　　既然运营者想要通过会员制度组建 VIP 微信群，那么初期就需要对会员进行招募，招募的渠道有很多，可以通过朋友圈，也可以通过微信公众平台。图 9-42 所示为"曾仕强"公众号的会员招募信息。

图 9-42　　"曾仕强"公众号的会员招募信息

专家提醒：除了通过微信朋友圈和微信公众平台进行群会员的招募工作之外，运营者还可以利用微博、贴吧、直播平台、视频平台等渠道进行推广传播。

9.5.4　活动获利，线下聚会

　　对于拥有一定数量的粉丝，同时是本地类的社群而言，可以通过线下聚会的活动形式进行盈利，具体方法如图 9-43 所示。

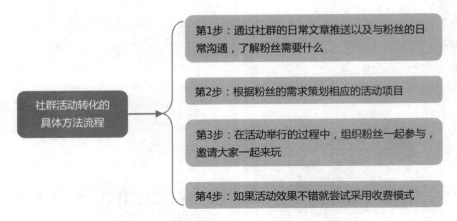

图 9-43　社群活动转化的具体方法流程

进行线下活动转化的社群需要满足以下几点要求，如图 9-44 所示。

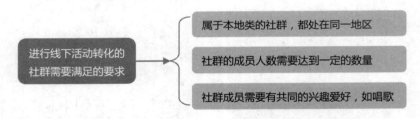

图 9-44　进行线下活动转化的社群需要满足的要求

下面笔者将为大家介绍这几种社群活动的转化形式。

1. 找商家给群活动冠名赞助

什么叫冠名赞助？社群运营者如何通过冠名赞助方式实现获利呢？冠名赞助可以从两方面来理解：一个是冠名；另一个是赞助，如图 9-45 所示。冠名赞助的意思就是企业为了提升产品或品牌的知名度和影响力，通过向某些组织活动提供资金支持，从而让企业产品或品牌出现在该组织的活动上，增加曝光率的一种商业行为。

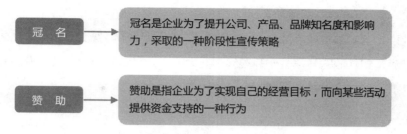

图 9-45　冠名赞助的名词解释

社群运营者可以凭借自身的影响力和私域流量的力量来寻找合适的赞助商。双方谈妥冠名赞助事宜之后，由赞助商为社群活动全部出资或部分出资，运营者则将赞助商的商标、产品或名称嵌入到社群活动中。这样既能帮助社群实现盈利，又能让商家品牌有更多的曝光率，达到宣传的目的。

给商家冠名不仅仅可以出现在活动现场，还可以出现在后期的活动总结中。社群运营者可以在活动结束后发布一些活动信息，例如"特别感谢"类的文章，在文章中，就可以将品牌嵌入，再一次为商家进行宣传，同时还可以借助商家的影响力提高活动的档次。

图 9-46 所示为"魅影商小团"在微信公众号上发布感谢商家冠名赞助的内容，在内容中着重地将商家信息体现了出来。

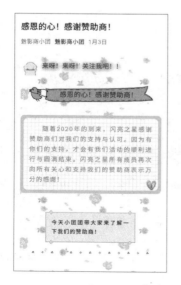

图 9-46　感谢商家冠名赞助的内容

2. 与商家合作开展活动盈利

社群运营者除了找品牌企业、商家给自己提供赞助经费实现活动盈利之外，还可以通过和其他的商家合作开展线下活动的方式来实现盈利，盈利的来源主要包括以下几种方式，如图 9-47 所示。

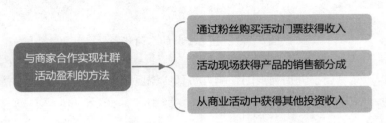

图 9-47　与商家合作实现盈利的方法

例如，在现实生活中，运营者通过自己的影响力和美食商家达成合作，美食商家给运营者及参与活动的社群成员提供免费的食物和活动场地，运营者只需要为商家免费宣传一次即可。这样的"霸王餐"活动看似是商家吃亏了，但其实由运营者带来的影响力远远大于这顿免费的食物，而运营者却能够带领群成员开开心心地吃上一顿，这种合作方式是互赢的。

3. 举办收费活动实现盈利

如果运营者的粉丝有很多，还可以通过举办线下收费活动的方式来实现商业获利，线下收费活动的类型有很多，如图 9-48 所示。

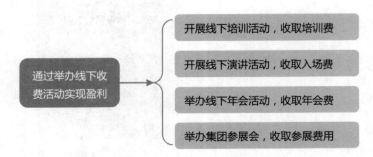

图 9-48　通过举办线下收费活动实现盈利

例如，"罗辑思维"举办的《时间的朋友》跨年演讲会就是很好地通过线下收费活动实现盈利的案例，粉丝想要参加这个跨年演讲会，就需要购买演讲会的门票，而《时间的朋友》跨年演讲会的门票并不便宜，因此通过这次活动，"罗辑思维"团队获利颇丰。图 9-49 所示为《时间的朋友》跨年演讲会活动现场。

图 9-49　《时间的朋友》跨年演讲会活动现场

9.5.5　商业转化，创业盈利

社群也可以通过与企业合作，围绕相关的公司业务或产品进行小范围的创业，以此来实现社群私域流量的转化。小范围是指那些没有团队和资金的人可以在一个固定的小范围区域或者细分垂直领域进行创业。下面列举了一些小范围创业的基本形式，如图 9-50 所示。

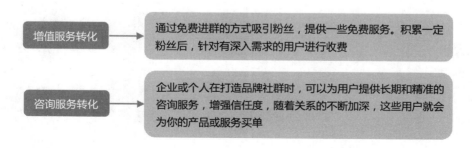

增值服务转化 ▶ 通过免费进群的方式吸引粉丝，提供一些免费服务。积累一定粉丝后，针对有深入需求的用户进行收费

咨询服务转化 ▶ 企业或个人在打造品牌社群时，可以为用户提供长期和精准的咨询服务，增强信任度，随着关系的不断加深，这些用户就会为你的产品或服务买单

图 9-50　小范围创业的基本形式

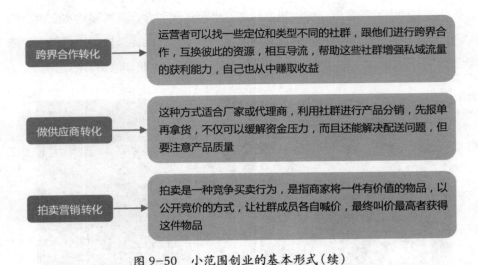

图 9-50　小范围创业的基本形式（续）

当你的社群拥有一定的私域流量和获利能力后，便可形成一个商业闭环，进而实现"社群经济"最大商业价值的发挥。

第 10 章
私域运营，其他玩法

除了主流的微信平台私域流量池运营模式之外，还有一些其他的私域流量玩法。本章主要讲述企业如何用 CRM（Customer Relationship Management）来打造私域流量池的方法，以及私域流量运营的其他玩法，帮助大家完善私域流量池的运营体系。

10.1　用 CRM，打造私域

本节主要介绍 CRM 的定义、特点和作用等相关内容，以及企业为什么要用 CRM 来打造私域流量池，帮助大家全面了解私域流量池运营的 CRM 模式。

10.1.1　CRM 的，定义作用

CRM 对于刚接触这个概念的企业来说是非常陌生的，究竟什么是 CRM 呢？首先我们一起来看 CRM 的定义和作用，具体内容如下。

1. CRM 的定义

CRM 是 Customer Relationship Management 的简称，译为客户关系管理。是指企业用相应的信息技术以及互联网技术来管理和用户之间的关系，从而提升企业的管理方式，向客户提供个性化的用户体验和服务的过程。其目的是提高企业的核心竞争力，缩减销售周期和成本、增加收入和新的市场；通过提高客户价值和满意度来提升客户的黏性和留存率，将客户转化为忠实粉丝。

CRM 在不同的场景下所指的含义也有所不同，就比如笔者现在所讲的它的定义和概念是一个管理学术语；如果放在应用领域，那么它就是指一个软件系统；它还可以指一种商业策略。

2. CRM 的作用

CRM 对于企业的私域流量池运营的作用是非常大的，具体有以下几点，如图 10-1 所示。

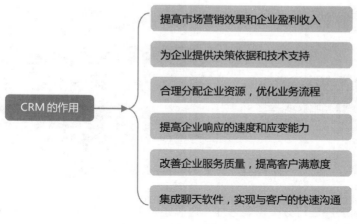

图 10-1　CRM 的作用

10.1.2　特点优势，实施阶段

CRM 的产生实质上是以产品为中心到以客户为中心的转变，笔者认为 CRM 系统需要具备以下几个特点，如图 10-2 所示。

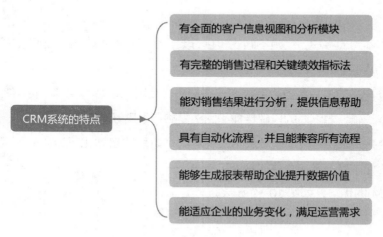

图 10-2　CRM 系统的特点

在 CRM 理念中，企业要想持续不断地获得私域流量转化的收入，就必须要以客户为中心，对客户进行分类，提高客户的生命周期。对客户进行分类管理的好处主要有以下两点，如图 10-3 所示。

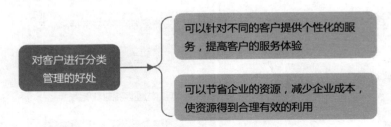

图 10-3　对客户进行分类管理的好处

除了对客户进行分类管理之外，企业还要想办法提高客户的生命周期。通俗点讲就是提高用户的复购率和对产品的黏性，使其产生二次消费甚至多次消费，这样能最大限度地发挥客户的利用价值，从而使企业获得更多的盈利。

CRM 系统的实施过程一共分为 3 个阶段，分别是市场营销、产品销售、售后服务，其具体内容如下。

（1）市场营销

利用营销手段对产品进行有效的宣传，把产品信息传递给目标客户。

（2）产品销售

针对不同的客户，制定不同的转化方案，引导其下单购买，快速成交。

（3）售后服务

做好产品的售后服务，解决客户在使用产品时的疑惑和问题，提高客户的满意度和体验感，为以后的口碑传播和回头复购打下良好的基础。

CRM 系统就是通过信息技术实现这 3 个阶段的自动化运转，从而提高客户对品牌的忠诚度，增加企业的收入和利润。

CRM 的优势，如图 10-4 所示。

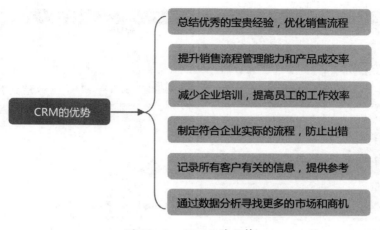

图 10-4　CRM 的优势

前面笔者讲过 CRM 可以提升企业的核心竞争力，那么具体表现在哪些方面呢？如图 10-5 所示。

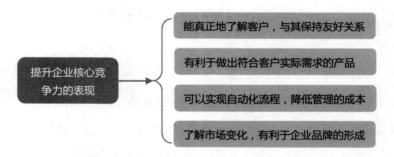

图 10-5　提升企业核心竞争力的表现

CRM 是一种商业策略，它更是方法 +IT 软件 + 管理的综合。CRM 系统软件的基本功能包括资料管理、营销管理、销售管理、服务管理、决策支持等。图 10-6 所示为悟空 CRM 管理系统的界面展示。

图 10-6 悟空 CRM 管理系统界面

10.1.3 私域本质，关系运营

由于现在公域流量成本昂贵，私域流量的获客成本低，所以很多企业都在逐步搭建自己的私域流量池。企业进行私域流量池的运营，实质上是对用户关系的运营，要搭建私域流量池，实现私域流量转化，就需要借助基于微信的 CRM 系统。

下面笔者讲解传统 CRM 的局限、有价值的 CRM 流程、新型 CRM 打造私域流量池的方面等知识点，具体内容如下。

传统 CRM 的局限主要表现在以下几个方面，如图 10-7 所示。

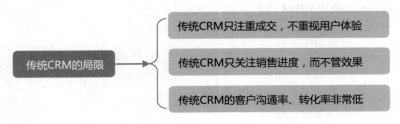

图 10-7 传统 CRM 的局限

那么，真正有价值的 CRM 是什么样的呢？笔者认为，真正有价值的 CRM 流程应该包含以下几个部分，如图 10-8 所示。

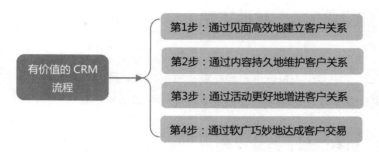

图 10-8　有价值的 CRM 流程

在互联网商业化高度发达的今天，传统的 CRM 已经很难适应如今的销售模式，于是新型的 CRM 应运而生。产品成交的前提是基于客户的需求和信任，所以新型的 CRM 应该从以下两个方面来帮助企业打造私域流量池，如图 10-9 所示。

图 10-9　新型 CRM 打造私域流量池的两个方面

在微信上对客户进行转化时，要做到以下几点，如图 10-10 所示。

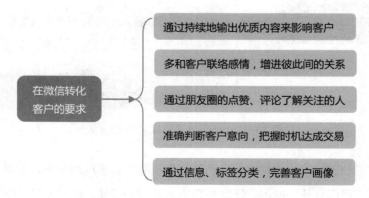

图 10-10　在微信转化客户的要求

10.2 私域流量，其他玩法

企业除了用 CRM 系统来打造私域流量池以外，还有很多其他的软件和玩法，本章就来列举一些玩法和模式，帮助企业完善私域流量运营体系。

10.2.1 自有流量，商家卡片

由于小程序有着裂变能力强、连接方便等特点，因此吸引了很多商家的加入。在小程序电商快速发展的同时，也存在着用户的留存和复购的问题，为了满足商家提高留存和复购率的需求，微信平台特地推出了"商家卡片"功能。

通过这个功能，商家就可以把线下公域流量转变成自己的微信私域流量。该功能目前还在内测阶段，商家如果想要申请内测资格，就需要满足 3 个方面的要求，即用户体验、商品质量和售后服务。

"商家卡片"一共可以通过 3 种方式获取，如图 10-11 所示。

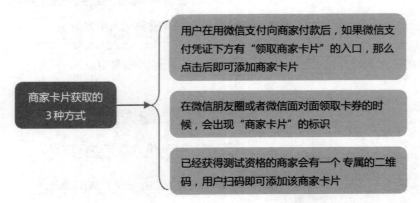

图 10-11　商家卡片获取的 3 种方式

用户关注的商家卡片都会保存在微信卡包的商家卡片模块中，通过保存商家卡片，用户可以在任何时候、任何地方浏览并购买商品。商家通过"商家卡片"

这个媒介，将线下门店的流量引流到自己的私域流量池中，获取更多的转化收入。"商家卡片"缩短了商家和用户之间的距离，增加了商家的盈利收入，也提高了其品牌的知名度和影响力。

10.2.2 一物一码，独一无二

顾名思义，"一物一码"就是指将不同的二维码印在每件商品上，让每件商品都有一个唯一的二维码，消费者可以通过扫码来参与商家设置的活动，并有机会获得商家赠送的奖品。如今，微信已全面开放"一物一码"功能，通过"一物一码"将商家和消费者连接起来，打通线上线下渠道，实现一站式销售。

"一物一码"主要有以下几个功能，如图 10-12 所示。

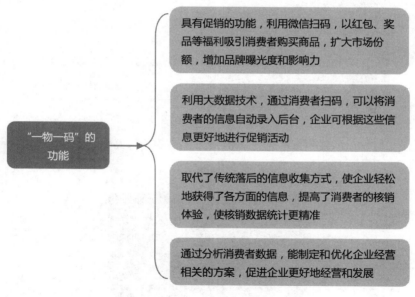

图 10-12 "一物一码"的功能

零售快消商家每天销售的商品不可胜数，但缺少和消费者连接的介质，导致巨大的流量白白浪费和损失。所以，企业和商家可以通过"一物一码"的功能把消费者引流至小程序或者公众号，从而实现把公域流量转化为私域流量的目的。

"一物一码"的玩法有很多，比如产品身份验证、活动抽奖等。例如，红牛

就是通过"一物一码＋红包抽奖活动"的方式将消费者引流到企业的微信公众号中的，如图 10-13 所示。另外，消费者购买红牛功能饮料后，也可以通过扫描微信二维码，查询产品的身份编码，验证产品真伪，如图 10-14 所示。

图 10-13　红牛的"一物一码＋红包抽奖活动"引流方式

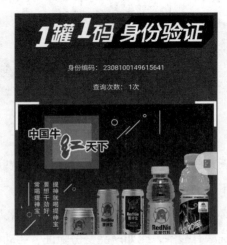

图 10-14　通过扫描微信二维码查询产品身份编码

"一物一码"除了上述的功能之外，还有以下 3 大作用，具体内容如下。

（1）使每件商品成为流量入口

消费者通过扫描商品上的微型码，就可以直接进入到品牌活动的小程序界面，参与抽奖活动。这样就使得每件商品成为商家小程序的流量入口，通过产品微型码与消费者建立联系，从而源源不断地获取私域流量。

（2）把商品当作最佳的营销方式

由于传统的线下营销方式不仅成本高，而且效果还不怎么好，所以"一物一码"的功能便可以解决这个问题。商家利用小程序中的抽奖活动来为微信公众号引流，通过这种方法把商品变成营销渠道，实现精准营销。

（3）帮助商家实现了精细化运营

"一物一码"功能为商家提供了大数据技术的支持。商家可以通过查看后台自动获取的消费者信息来及时了解活动的营销效果，从而优化营销活动的方案，提高商品销量和提升用户体验。

那么，商家该如何开通"一物一码"功能呢？商家可以登录微信公众平台，在公众号后台的菜单中点击"添加功能插件"，然后点击插件库中的"一物一码"按钮，如图 10-15 所示。进入到"功能详情"页面后，点击"一物一码"右侧的开通功能按钮即可开通该功能，如图 10-16 所示。但需要注意的是，要想成功开通"一物一码"功能，必须先满足申请条件，即必须开通微信认证。

图 10-15　点击"一物一码"按钮

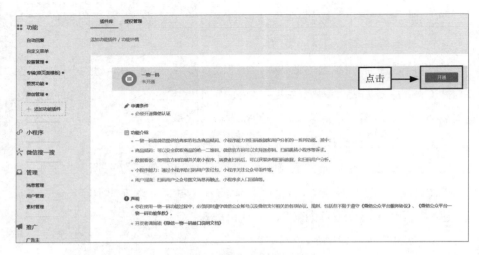

图 10-16　点击"开通"按钮

10.2.3　短视频加，直播带货

随着短视频平台的兴起和手机视频剪辑软件的层出不穷，视频拍摄的要求和门槛被不断降低，现在只需要一部智能手机就可以开始剪辑视频。在如今的短视频和直播时代，主播通过电商直播带货可以直接清晰展示产品的亮点和优势，刺激消费者的购买欲望，打造商品爆款，创造惊人的销售业绩，这是传统电商无法比拟的。

从商业利益的方面来看，短视频＋直播带货是互联网电子商务的新形式，利用大数据技术，根据用户的搜索习惯和观看短视频、直播类型的爱好来为其推荐相关的内容或产品，把相应的商品链接附带在直播和短视频的下方，引导用户购买。

如今短视频电商和直播带货已经成为人们一种新的购物方式，短视频＋直播带货之所以如此火爆，是因为它解决了传统电商一直以来存在的问题和不足。传统电商存在的问题主要有以下两点，如图 10-17 所示。

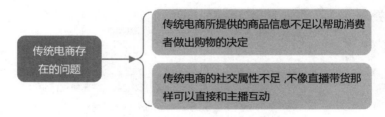

图 10-17　传统电商存在的问题

对于用户来说，短视频 + 直播带货的模式大大提高了他们的购物体验，具体表现在以下几个方面，如图 10-18 所示。

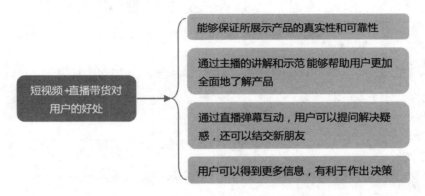

图 10-18　短视频 + 直播带货对用户的好处

短视频 + 直播带货不仅对用户有好处，对商家来说也有很大的作用，短视频 + 直播带货对商家的作用主要有以下几点，如图 10-19 所示。

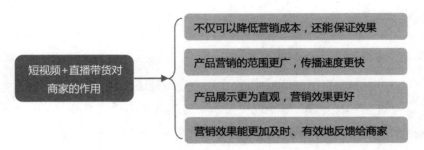

图 10-19　短视频 + 直播带货对商家的作用

商家要想产品营销效果的反馈更加及时、有效，可以从以下 3 个方面入手，如图 10-20 所示。

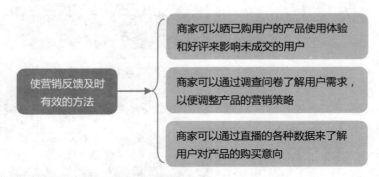

图 10-20　使营销反馈及时有效的方法

要想通过短视频＋直播带货的营销方式来打造私域流量，其应该具备以下几个条件，如图 10-21 所示。

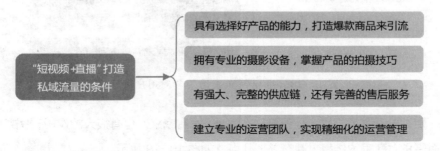

图 10-21　"短视频＋直播"打造私域流量的条件

10.2.4　QQ 社群，营销必备

QQ 可以说是非常经典的社交平台了，在微信还没有建立之前，QQ 一直稳坐社交"霸主"的位置，即便现在微信平台的活跃用户已经超过了 QQ，但是 QQ 依然是私域流量运营不可忽视的一个非常重要部分。QQ 由于起步比微信要早很多，其功能比微信要完善，玩法也比微信要多。

就拿 QQ 群来说，不仅微信群是搭建私域流量的主要场所，QQ 群也是网络营销、推广引流常用的渠道和途径。而且，相对于微信群来讲，QQ 群的运营管理更方便，引流效果更好，转化玩法更多。接下来笔者详细地进行介绍。

（1）QQ 群引流

要想给 QQ 群引流，利用 QQ 群来打造私域流量池，笔者建议大家可以通过 QQ 群排名优化软件，提升 QQ 群排名的方式来吸引流量，这种方式的引流效果是非常明显的，只要关键词设置得好，吸引过来的流量也比较精准。因为绝大部分 QQ 用户是根据搜索关键词来查找 QQ 群的，而 QQ 群排名优化软件的原理就是将目标用户搜索的关键词作为群名称进行优化设置，从而使 QQ 群的排名靠前，增加 QQ 群的曝光概率，这样就能吸引更多用户添加了。

说到 QQ 群排名，笔者就不得不说 QQ 群排名的规则了，影响 QQ 群排名的因素主要有以下两点，如图 10-22 所示。

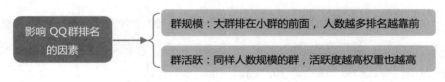

图 10-22　影响 QQ 群排名的因素

关于 QQ 群排名优化的软件有很多，这里笔者就不推荐了，大家可以自行在互联网上搜寻，不过需要注意的是小心被骗。在进行 QQ 群排名的优化时，我们要从以下几个方面对 QQ 群进行设置，如图 10-23 所示。

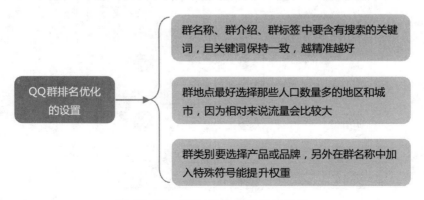

图 10-23　QQ 群排名优化的设置

接下来，我们来看一个具体的案例，下面这个名为"中国传统文化"的QQ群就是按照上述QQ群排名的设置方法来进行优化的，如图10-24所示。

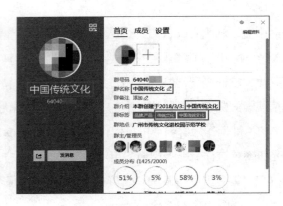

图10-24 QQ群资料设置

从该QQ群的资料中可以看到，该群的关键词为"中国传统文化"，而且群名称、群介绍、群标签的关键词保持一致，群地点设置在广州这样人流量巨大的一线城市，并且群分类是品牌和产品。

再加上该QQ群属于2 000人的大群，群员人数也达到了1 400人左右，平时在群内也有不少的成员积极发言、彼此交流互动，所以该群比较活跃，这使得其权重比较高，群排名自然也就比较靠前，如图10-25所示。

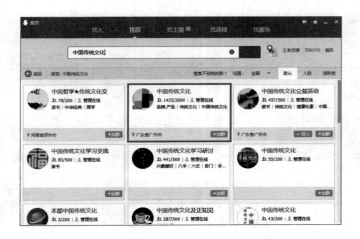

图10-25 "中国传统文化"的群排名

　　除了通过优化 QQ 群排名来引流之外，还可以利用 App 来给 QQ 群进行引流。有些私域流量运营者会开发一些实用的 App，然后将加 QQ 群的引导信息放到 App 中，只要用户安装并打开 App 后就会自动弹出信息，如图 10-26 所示；这时候，如果用户想进一步获取更多的实用软件和工具，就会搜索弹窗页中的 QQ 群号码加群，如图 10-27 所示。

　　图 10-26　App 上的弹窗引导信息　　图 10-27　根据 QQ 群号码搜索到的 QQ 群

　　（2）QQ 群的运营管理

　　QQ 群的管理功能十分完善，相对于微信群来说，管理十分方便快捷，下面笔者就来简单介绍一下 QQ 群的成员管理和设置功能。

　　在 QQ 群资料的页面单击"成员"按钮，即可进入 QQ 群成员管理界面，如图 10-28 所示。在这里，你可以看到所有群成员的 QQ 资料信息，包括 QQ 头像、QQ 昵称、群昵称、群等级、积分、最后发言时间等。还可以设置管理员、添加或移除成员、查看管理员操作记录。

图 10-28　QQ 群成员管理

单击"设置"按钮，进入群设置界面，如图 10-29 所示。QQ 群的设置包括查找方式、群消息提示、加群方式、邀请方式等。

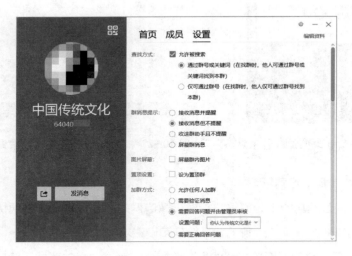

图 10-29　QQ 群设置

（3）QQ 群的转化玩法

QQ 群最常见的流量转化玩法是做付费群，即通过设置付费加群的方式来获取收益。群主可以在 QQ 群设置中将加群方式设置为付费入群，设置了一定金额的入群门槛后，用户需要支付一定的费用才能加入群聊，如图 10-30 所示。

图 10-30　付费入群

不过，这种付费入群的流量转化方式要达到一定的条件才能设置。图 10-31 所示为付费入群功能使用条件。

图 10-31　付费入群功能使用条件

> **专家提醒：**QQ 社群运营者需要注意，即使用户付费加入了群聊，但如果他在 5 分钟之内又退出了群聊，那么他所支付的入群费用将会自动返还给他。所以，运营者需要想办法提高用户的留存率。

10.2.5　小程序，转化玩法

运营者要想在小程序中转化获利，轻松赚到钱，还得掌握一定的私域流量获利技巧。下面笔者讲解小程序的 4 种获利玩法。

1. 小程序＋电商

对于运营者来说，小程序最直观、有效的盈利方式当属做电商了。运营者在小程序电商平台中销售产品，只要有销量，就会有收入。具体来说，小程序＋电商获利的方式主要有 4 种，如图 10-32 所示。

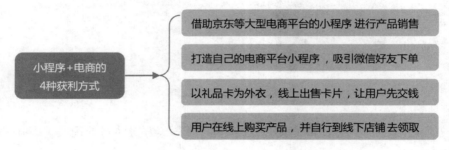

借助京东等大型电商平台的小程序 进行产品销售

打造自己的电商平台小程序，吸引微信好友下单

以礼品卡为外衣，线上出售卡片，让用户先交钱

用户在线上购买产品，并自行到线下店铺去领取

小程序＋电商的 4种获利方式

图 10-32　小程序＋电商的 4 种获利方式

在小程序出现以前，运营者更多的是通过 App 打造电商平台，而小程序可以说是开辟了一个新的销售市场。运营者只需开发一个小程序电商平台，便可在上面售卖自己的产品。

而且，小程序电商运营者还可以自行开发、设计和运营。所以，这就好比提供了一块场地，运营者只需在上面"搭台唱戏"即可，唱得好还是唱得坏，都取决于运营者自身。

具体来说，无论是有一定影响力的品牌，还是名气不大的店铺，都可以在小程序中搭台唱戏，一展拳脚。当然，单独开发一个小程序很可能会遇到一个问题，那就是初期用户数量比较少。对此，运营者需要明白一点，用户在购物时也是"认生"的，一开始他们或许会对你的小程序有所怀疑，不敢轻易下单。

但是，金子总会发光，只要运营者坚持下来，在实践过程中，将相关服务一步步进行完善，为用户提供更好的服务，小程序终究会像滚雪球一样，吸引越来越多的用户，而小程序的转化能力也将变得越来越强。

2. 小程序＋付费

对于做内容营销的小程序运营者来说，知识付费应该算得上是一种可行的转化模式。只要运营者能够为用户提供具有价值的干货内容，那用户自然会愿意掏钱，这样一来，运营者便可以用优质的内容换取相应的报酬了。

例如，"千聊"可以说是通过授课收费模式进行转化的代表性小程序之一。它具有多种付费模式，能够轻松地帮助商家实现转化。图 10-33 所示为"千聊"小程序的课程推荐首页和"手机摄影构图大全"的千聊直播间课程主页。

图 10-33 　"千聊"小程序

千聊的商业模式主要为"收费直播＋赞赏＋付费社区"，通过捆绑销售来提升收益，用户付费意愿非常强烈。主播的主要收入来自收费直播和粉丝赞赏。千聊平台是永久免费的，针对用户直播间的收益，除了微信会扣除 0.6％ 的手续费，其他收入都可以直接提现到微信钱包。

运营者要想通过授课收费的方式进行小程序转化，需要把握好以下两点。

第一，小程序平台必须是有一定人气的，否则，即便你生产了大量内容，可能也难以获得应有的报酬。

第二，课程的价格要尽可能低一点。这主要是因为大多数用户愿意为课程支付的费用都是有限的，如果课程的价格过高，很可能会直接吓跑用户。这样一来，购买课程的人数比较少，能够获得的收益也就比较有限了。

3. 小程序＋直播

与传统的营销方式不同，直播与用户的互动性比较强。而在与用户互动的过程中，主播会逐渐获得一些愿意为其消费的粉丝。所以，如果小程序运营者能够用好粉丝经济，那么，即便不卖东西，也能获得一定的收入。

直播在许多人看来就是在玩，毕竟大多数直播都只是一种娱乐。但是，不可否认的一点是，只要玩得好，玩着就能把钱赚了。因为主播们可以通过直播，获得粉丝的礼物，而这些礼物又可以直接兑换成现金。图 10-34 所示为虎牙直播小程序的首页和某主播的直播页面。

图 10-34　虎牙直播小程序

要想通过粉丝送礼，玩着游戏就把钱赚了，首先需要主播拥有一定的人气。

这不仅要求主播自身要拥有某些过人之处，还要选择一个拥有一定流量的直播平台。只有这样，才能快速积累粉丝数量。

其次，在直播的过程中，还需要一些所谓的帮衬。因为很多时候，人都有从众心理，所以如果有人带头给主播送礼物，其他人也会跟着送，这就在直播间形成了一种氛围，让看直播的其他受众在压力之下，因为觉得不好意思，或是觉得不能白看，也跟着送礼物。粉丝虽然是赠送的礼物，但是礼物也是用钱买的。而主播则可以通过一定的比率将礼物代表的平台币值兑换成钱。也就是说，主播可以通过粉丝礼物获得一定的收益。

另外，主播可以通过直播获得一定的流量，如果运营者能够借用这些流量进行产品销售，便可以直接将主播的粉丝变成店铺的潜在消费者。相比较于传统的图文营销，直播导购可以让用户更直观地把握产品，它取得的营销效果往往也要更好一些。直播用得比较好的电商平台当属"蘑菇街女装"，该小程序直接设置了一个"直播"频道，商家可以通过直播导购来销售产品，如图 10-35 所示。

图 10-35　"蘑菇街女装"小程序

在通过电商导购进行小程序转化的过程中，运营者需要特别注意两点。其一，主播一定要懂得带动气氛，吸引用户驻足。这不仅可以刺激用户购买产品，还能通过庞大的在线观看数量，让更多用户主动进入直播间。

其二，要在直播中为用户提供便利的购买渠道。因为有时候用户购买产品只是一瞬间的想法，如果购买方式太麻烦，用户可能会放弃购买。而且在直播中提供购买渠道也有利于主播为用户及时答疑，增加产品的成交率。

4. 小程序＋服务

运营者既可以直接在平台中售卖产品，也可以通过广告位赚钱，还可以通过向用户提供有偿服务的方式，把服务和转化直接联系起来。

例如，"包你说"小程序便是其中之一。用户进入"包你说"小程序，输入赏金和数量的具体数额之后，界面中便会出现"需支付……服务费"的字样。在支付金额之后，便可生成一个语音口令，用户点击该界面中的"转发到好友或群聊"按钮，便可将红包发送给微信好友或转发到微信群。

尽管该小程序收费比例比较低，但随着使用人数的增加，该小程序借助服务积少成多，也获得了一定的收入。在为用户提供有偿服务时，运营者应该报以"薄利多销"的想法，用服务次数取胜，而不能想着一次就要赚一大笔。否则，目标用户可能会因为服务费用过高而被吓跑。

读 者 意 见 反 馈 表

亲爱的读者：

感谢您对中国铁道出版社有限公司的支持，您的建议是我们不断改进工作的信息来源，您的需求是我们不断开拓创新的基础。为了更好地服务读者，出版更多的精品图书，希望您能在百忙之中抽出时间填写这份意见反馈表发给我们。随书纸制表格请在填好后剪下寄到：北京市西城区右安门西街8号中国铁道出版社有限公司大众出版中心 张亚慧 收（邮编：100054）。或者采用传真（010-63549458）方式发送。此外，读者也可以直接通过电子邮件把意见反馈给我们，E-mail地址是：lampard@vip.163.com。我们将选出意见中肯的热心读者，赠送本社的其他图书作为奖励。同时，我们将充分考虑您的意见和建议，并尽可能地给您满意的答复。谢谢！

所购书名：_____

个人资料：

姓名：_____ 性别：_____ 年龄：_____ 文化程度：_____

职业：_____ 电话：_____ E-mail：_____

通信地址：_____ 邮编：_____

您是如何得知本书的：

□书店宣传 □网络宣传 □展会促销 □出版社图书目录 □老师指定 □杂志、报纸等的介绍 □别人推荐
□其他（请指明）_____

您从何处得到本书的：

□书店 □邮购 □商场、超市等卖场 □图书销售的网站 □培训学校 □其他

影响您购买本书的因素（可多选）：

□内容实用 □价格合理 □装帧设计精美 □带多媒体教学光盘 □优惠促销 □书评广告 □出版社知名度
□作者名气 □工作、生活和学习的需要 □其他

您对本书封面设计的满意程度：

□很满意 □比较满意 □一般 □不满意 □改进建议

您对本书的总体满意程度：

从文字的角度 □很满意 □比较满意 □一般 □不满意
从技术的角度 □很满意 □比较满意 □一般 □不满意

您希望书中图的比例是多少：

□少量的图片辅以大量的文字 □图文比例相当 □大量的图片辅以少量的文字

您希望本书的定价是多少：

本书最令您满意的是：

1.

2.

您在使用本书时遇到哪些困难：

1.

2.

您希望本书在哪些方面进行改进：

1.

2.

您需要购买哪些方面的图书？对我社现有图书有什么好的建议？

您更喜欢阅读哪些类型和层次的理财类书籍（可多选）？

□入门类 □精通类 □综合类 □问答类 □图解类 □查询手册类

您在学习计算机的过程中有什么困难？

您的其他要求：